隋唐简史

刘善龄 ◎ 著

北京联合出版公司
Beijing United Publishing Co.,Ltd.

图书在版编目（CIP）数据

隋唐简史 / 刘善龄著 . -- 北京：北京联合出版公司，2024.6
　　ISBN 978-7-5596-7627-6

Ⅰ . ①隋… Ⅱ . ①刘… Ⅲ . ①中国历史—研究—隋唐时代 Ⅳ . ① K240.7

中国国家版本馆 CIP 数据核字 (2024) 第 096977 号

隋唐简史

项目策划：斯坦威图书
作　　者：刘善龄
出 品 人：赵红仕
总 策 划：李佳铌
策划编辑：韩依格
责任编辑：孙志文
封面设计：异一设计 QQ:164085572
内文排版：北京天艺华彩图文制作有限公司

北京联合出版公司出版
（北京市西城区德外大街 83 号楼 9 层　100088）
河北鹏润印刷有限公司印刷　新华书店经销
字数 131 千字　880 毫米 ×1230 毫米　1/32　7 印张
2024 年 6 月第 1 版　2024 年 6 月第 1 次印刷
ISBN 978-7-5596-7627-6
定价：42.00 元

版权所有，侵权必究
未经书面许可，不得以任何方式转载、复制、翻印本书部分或全部内容。
本书若有质量问题，请与本公司图书销售中心联系调换。电话：010-82561773

前　言

　　《三国演义》开篇有言，"天下大势，分久必合，合久必分"。数千年的中国史有过长时期的统一，但也出现过几次连续数百年的分裂。魏晋南北朝就是我国历史大分裂、大动荡的时代。

　　无论统一还是分裂，只要长期存在，都有其深刻的社会原因，并不是个人意志随心所欲造成的。大汉社会的长期统一，并非秦始皇废除了分封贵族创立郡县所造成，相反是因为两汉时期普遍存在着五口之家的小农，他们虽用简陋的铁农具但已经勉强可以自给自足。有了大量个体农户的存在，庞大的官僚机构才能源源不断地获得足够的赋税，以及成千上万服劳役、兵役的丁口，这些对于支撑中央集权的国家而言必不可少。郡县的设立正是迎合了统治个体农户和中小地主的需要。

　　东汉末年在农业生产中出现了一种新的耕具——由两头牛牵引的数十斤的大铁犁，又称为"耦犁"。使用耦犁比旧铁犁耕田效率提高了许多，然而在当时能够拥有耦犁的，绝非寻常五口之家的小农。于是拥有先进农具的地主庄园，开始了一轮兼并个体农民的浪潮。庄园地主从国家手中夺走了农民，以及农民耕种的土地，也就等于切断了中央集权政府的财源、兵源。从此一个漫长的分裂时期，就在繁荣的庄园经济的基础上开始了，而只要这一基础不变，几乎也就没有了天下统一的希望。即便像西晋王朝那样表面上取得了统一，但很快就陷入了八王之乱的纷争之中；最后代表大庄园主，或者叫作士族利益的西晋王朝的统一，仅仅维持了三十余年，就在少数民族和流民的打击下土崩瓦解。

历史上几乎没有一个统一王朝的创建者，像西晋开国君臣那样没有抱负，那样缺乏远见，那样迅速地走向堕落。对于这种现象的最合理的解释就是，当时根本没有希望维持天下统一。相反在西晋的短暂统治时期，由于民族和阶级矛盾的激化，反而酝酿出了更多分裂的因素，撒下了更多相互仇视的种子。于是西晋灭亡，北方中国立刻就出现了长达一百三十余年的更大分裂和更大纷争的十六国时期。后赵的国君石虎嗜杀汉人以及他的养孙冉闵几天内残杀二十万胡人的事件，就是民族隔阂发展到民族仇视的例证。虽然这类仇杀都是由少数统治者所挑起，但如此大规模的血腥事件，显然是以普遍的民族对立情绪为前提，并且又进一步激化了各民族之间的仇恨。一个多民族的国家如果不消除族群间深刻的对立和仇恨，要想实现长远的统一，几乎是不可能的。

也就是在这段长达百余年的分裂中，中国北方原来的庄园经济开始日趋衰落。到了南北朝时期，北方人口大量南迁和成片荒芜农田的出现，又一次给北朝的个体农民提供了生存空间。北魏孝文帝改革中有关均田的规定，正是透露出北方小农经济复苏的重要信息。但新一轮个体农业经济的更大发展，还有赖于一批新型农具的改良和推广。而在田多人少的古代农村，耕具的改革对于争取农时、扩大播种面积，往往起到了决定性的作用——这种适应新一轮个体农业经济的耕具，便是后来被人称为曲辕犁的新式铧犁。

大约在隋唐时期，曲辕犁在我国农村已经相当普遍。直到20世纪的上半叶，我国农村甚至仍在沿用的铧犁，其基本结构和隋唐时候并没有多大改变。这种传统的东方耕具，明清之际由荷兰海员带回欧洲，由于那些海员是在中国江南得到它的，所以又称其为江东犁。江东犁西传后，欧洲农民竞相仿制，由此诱发了欧洲的农业革命。欧洲的农业革命通常又被认为是工业革命的先导。

许多中国人不仅不知道中国的传统农具曾给西方的现代文明带来过怎样的影响，甚至也不清楚曲辕犁在隋唐个体小农经济中所起的作用。可以说，当时的农民正是靠着这种新型的生产工具，摆脱了地主庄园的控制，发展了以家庭为中心的个体农业经济。而小农经济的复苏，又促使了社会朝着统一的方向发展。至于后来隋唐农业文明的繁荣，更与这种先进的耕具紧密关联，就好像20世纪农民靠着拖拉机进入现代文明一样。

我们或许无法搞清曲辕犁发明和传播的全部细节，但仍然可以想象，在北朝推行均田制时获得土地的农民，他们是怎样热衷于改良和推广新的农业技术。那时候一项重大发明，从产生到成熟直到最后普及，一定需要花费很长的时间。就是在这一共同发展个体经济的过程中，过去彼此对立的民族情绪，也由下层到上层逐渐得到了缓和，而各民族的大融合，也逐步开始代替民族间的彼此隔阂。

北魏孝文帝颁行汉化政策，说明当时少数民族的统治者，已经认识到民族融合的重要性。此后的北朝统治者，尤其是日益强大的西魏、北周的统治者，基本上都遵循了这一政策。北朝的统治者鼓励不同民族男女相互通婚，隋朝立国者杨坚就是在北周时期与匈奴贵族联姻的。北周明帝时鲜卑族大臣豆卢勣虽然高官厚禄，却因自己不曾学过儒家经典，自愿弃官去太学攻读，而且明帝对他的做法也大加赞许，还破例允许他"停职留薪"，像这一类体现民族融合的例子，史书上举不胜举。

总之，小农经济的逐渐复苏，民族融合的不断深入，正在为一个强大的、中央集权制的封建国家的诞生集聚条件。北周初年一些对时局敏感的人，已经觉察到了这一历史的趋势，这里不妨再举金州总管贺若敦的例子。

贺若敦是一名武将，因得罪了朝廷中操纵权力的大将军而被判死刑。临终时他和家人诀别，关照儿子的只有两条："父亲立志平定江南，但至今未能成功，你一定要继承我的遗志。乃父戎马生涯可谓功勋累累，只是爱发牢骚惹下了杀身之祸，你一定要记住以舌而亡的教训。"贺若敦因牢骚而送了命，临终时再也不敢在儿子面前发牢骚，只是叮嘱儿子吸取自己的教训。贺若家的悲剧，封建社会不知上演了多少回，所以我们的民族语言中才会有"祸从口出"这样可怕的成语。耐人寻味的是，一个军人以舌而亡冤屈而死，但他临终念念不忘的竟是平定江南，由此可见统一天下在当时人的心目中占据了何等的地位。贺若敦的儿子贺若弼日后果然担任了平定陈朝的先锋大将，但这已经是入隋之后的事了，距贺若敦的死已经过去了二十三年。

目 录

第一章

以隋代周和天下统一

1. 隋室代周　　　003
2. 平陈之役　　　009
3. 开皇记事　　　013

第二章

隋炀帝其人其事

1. 隋炀帝登基　　　019
2. 如日中天　　　021
3. 兵败高句丽　　　031
4. 谁当斫之好头颅　　　035

第三章

李唐立国

1. 四十八家烟尘　　　041
2. 民间传唱《桃李章》　　　052
3. 逐鹿中原　　　060

第四章

唐太宗和贞观之治

1. 玄武门之变　　071
2. 贤明君主　　　077
3. 财富＝土地＋农民　084
4. 贞观掠影　　　091

第五章

唯一的女皇帝

1. 高宗与武后　　101
2. 则天皇帝　　　110
3. 两翼重振　　　117

第六章

从开元盛世到安史之乱

1. 盛世繁华　　　127
2. 巅峰过后　　　139
3. 渔阳鼙鼓动地来　144

第七章

安史之乱后的唐朝

1. 富者兼地数万亩　157
2. 吐蕃与回纥　161
3. 德宗朝的财政　165
4. 宪宗与藩镇的较量　170
5. 穆宗和他的三个儿子　175

第八章

唐朝的灭亡

1. 唐末宫廷与社会　185
2. 祸基于桂林　191
3. 唐末农民大起义　195
4. 尾声　205

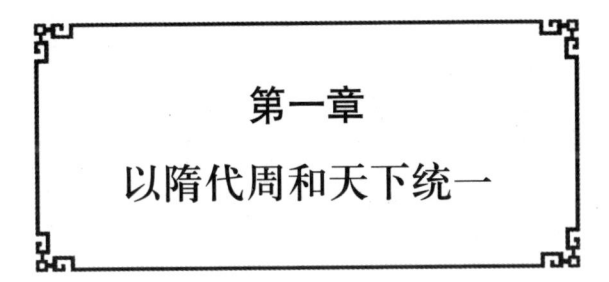

第一章
以隋代周和天下统一

隋朝和秦朝情形颇为相似，它们都曾有过轰轰烈烈的业绩，都曾收拾山河使天下归于统一。秦朝人修筑过至今仍为中国人引以为豪的万里长城，隋朝人则开凿过如今仍然惠泽两岸生民的大运河。然而它们又都是在短短的二三十年里，由强盛走向了灭亡，真好像是半空里炸响的鞭炮，发出过震耳欲聋的巨响，但轰然而灭后，只剩下了撒得满街都是的红纸屑，以及依稀可辨的火药灰烬。然而历史并不会重复，相隔近八百年，隋朝与秦朝所处的社会环境毕竟大不相同，就是隋朝开国皇帝杨坚的政治生涯，与秦始皇的文功武治，也实在不能够简单地类比。

1. 隋室代周

　　北朝末年，杨坚出生在一个世袭军人家庭，父亲杨忠有过传奇般的经历。杨忠年轻时曾经当过梁朝人的俘虏，流落江南这四五年，使他对中国的另一半版图有了其他北方青年所没有的认识。后来杨忠随南朝军队渡江北伐，兵败后便脱离梁军，重新回到了北朝。之后，他投奔到了北魏名将独孤信麾下。

北魏不久发生了分裂，宇文泰在关中建立了西魏，与高欢扶植的东魏并峙，于是南北分裂的中国，又出现了三国鼎立的局势。独孤信是宇文泰儿时的伙伴，两人的关系甚为亲密，由于这层原因，宇文泰执掌西魏朝政之后，独孤信自然得到了他的重用。那时西魏边防尚未巩固，宇文泰便派独孤信到前线与东魏作战，结果独孤信的部队败在了东魏手下。为了不向东魏

隋文帝杨坚

投降，杨忠随独孤信又一次投奔了梁朝。这次意外的南下，使杨忠又有了和梁朝上层接触的机会。后来，梁朝又将独孤信和杨忠他们遣返西魏。

独孤信回到西魏，依然受到宇文泰的器重。而杨忠传说在一次狩猎的时候，曾以徒手与猛兽搏斗保护了大将军宇文泰，从此便官运亨通，并且赢得了"虎将"的美誉。也就是在这时，独孤信和杨忠结成了儿女亲家，他把自己最小的女儿许配给了杨忠的儿子杨坚。杨坚能和显赫的贵族独孤家联姻，也给自己日后的政治发迹铺平了道路。

但杨坚的道路并非一帆风顺。

宇文泰死后，西魏的政权一度落到了宇文泰的侄子宇文护手里。宇文护仍然像叔叔一样，挟天子以令诸侯，但他废除了西魏的傀儡皇帝，拥立宇文泰的儿子建立了北周。宇文护的擅权，遭到了忠于宇文泰的将军们的抵制。在宇文护与反对派的矛盾冲突中，年轻的杨坚学会了迂回曲折地保护自己。后来周武帝从堂兄手中夺回了政权，杨坚凭着独孤家的显赫门第，很快又取得了周武帝的信任。后来由于杨坚的女儿嫁到宫中当上了太子妃，他又成了北周皇帝的亲家翁。

留着满脸络腮胡的周武帝，堪称北朝历史上雄才大略的君王，史书上说他生活简朴、从谏如流，作战时又能身先士卒。周武帝消灭了北齐，完成了北方的统一。在与突厥人作战的同时，他开始积极部署对于长江南面陈朝的军事。如果天假其年，重新统一中国的功绩将会在他手中完成。然而，就在三十六岁那年，他从北方前线返回京师时，暴病死于途中。

周武帝死后，太子宇文赟即位，他就是历史上的周宣帝。周宣帝登位时只有十九岁，年轻的皇帝秉性和父亲截然不同。宣帝刚愎自用，又贪图玩乐，在他执政的时候，皇宫里同时立了五个皇后，从前受武帝重用的老臣，一一遭到排斥，皇帝身边重用的尽是平庸的公子王孙、纨绔子弟。暴躁的皇帝经常杖责廷臣宫女，闹得满朝文武整天提心吊胆。虽然杨坚的女儿杨皇后名义上仍然还是五后之首，但原配夫人的失宠已经是明摆着的事情。据说宣帝几次都想除掉身为国丈的杨坚，只因为杨坚妻子独孤氏的求情，杨坚才保住了性命。不久，宣帝把六岁的儿子宇文阐扶上了宝座，他就是历史上的周静帝。宣帝自己当上了太上皇帝，号称天元皇帝。

周宣帝的胡作非为已经不只是宫闱琐事，他扰乱了朝政，改变了周武帝既定的方针，使刚刚开始的统一天下的事业不能继续。恐怕也是老天有眼，荒淫无道的宣帝在位只有二年便得了暴病，临死前只有亲信刘昉、郑译和颜之仪数人在他身旁，因为皇帝已经不能说话，只能由他们几个代立遗嘱。颜之仪主张请赵王宇文招入宫主持朝政，但刘昉和郑译却想请外戚杨坚出来担当重任。刘、郑如此考虑，一是因为俩人与杨坚早有私交，二则因为杨坚当时正遭受宣帝的排挤和猜疑，刘昉和郑译认为，把权力交给一个处于逆境中的人，日后容易接受他们的摆布。

于是，郑译、刘昉便伪造了一道诏书，把杨坚召进了皇宫。刘、郑本打算和杨坚分享权力，但杨坚却接受了谋臣李德林的建议，自称左大丞相，独揽了军政大权。这件事发生在周静帝大象二年（580年）五月。

杨坚刚当上左大丞相，反对他的人实在很多，既有北周的皇族，也有和宣帝联姻的外戚：相州总管尉迟迥、益州总管王谦、郧州总管司马消难纷纷起兵。赵王宇文招想在酒宴上杀害他，情形之险简直像刘邦赴项羽的鸿门宴。酒宴上没得逞，宇文家又接连派出杀手企图行刺杨坚，幸亏得到家奴李圆通的舍身保护，那时候杨坚自己的防身武器也从不敢离身。

杨坚的同窗好友元谐曾经分析当时的形势，说杨坚就好像水里的一堵墙，随时都有倒塌的危险。就连他的同胞兄弟杨瓒，也怕他事败后连累自己，而多次派使者刺杀他。但有着丰富政治经验的杨坚，知道如何与反对和怀疑自己的人妥协，如何化解次要的矛盾，以便集中力量对付自己的主要对手。杨坚听人说在与尉迟迥作战的军队里有人暗中通敌，他理智地接受谋臣李德林临阵不可换将的建议，只派亲信到前线劳军，对于立场动摇的将军一概不加追究，结果前线军心大为稳定，很快就打败了主要的敌手尉迟迥。

周隋之际，朝野对于宣帝的倒行逆施普遍感到厌恶，大家希望有人来收拾残乱局面。由于所用策略得当，又有多数人的支持，所以只用了十个月，杨坚就接连平定了三起针对自己的叛乱，到了公元581年阴历二月，杨坚取周室而代之，建立了隋朝，杨坚就是历史上的隋文帝。

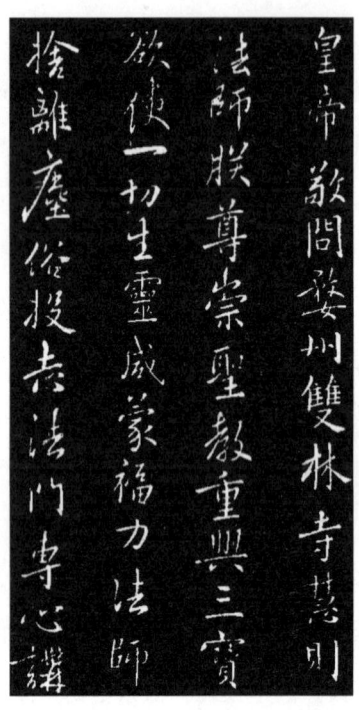

隋文帝书法真迹

2. 平陈之役

隋室代周杨坚没有少费心思，当了皇帝，他又担心别人觊觎他的宝座。为了防止可能发生的宫廷政变，他把宇文家的五十九个皇孙斩尽杀绝，刘昉等帮助过隋文帝夺取皇位的人也都遭到了清洗。尽管隋朝是通过和平手段建立起来的，但改朝换代总免不了发生人头落地的流血事件。隋朝建立之初，杨坚忙着巩固政权，但隋朝的君臣并没有放松平定江南战争的筹划。

为此，隋文帝先把尚书左仆射（地位相当于宰相）高颎找来商议，问他有什么好计谋。高颎的父亲是独孤皇后家的旧臣，满朝大臣就数他最肯为朝廷赴汤蹈火，所以隋文帝凡事总是先和他商量。高颎对平陈也早有考虑，见皇上询问他就将之和盘托出。高颎说："南方收割粮食比北方早，可乘陈朝人收割时在两国的边境集结军队，敌人为了备战，必然会耽搁收割粮食。北方储存粮食都用地窖，而南方潮湿，粮食都存放在竹子搭的仓库里。等到粮食入仓后，多派些间谍到江南纵火焚仓。这样虚张声势闹他几年，把陈朝人拖得筋疲力尽，等我们进攻时，敌人一定会放松警惕，到那时就能够打他一个措手不及。"

隋文帝一面下令边境的军队照高颎的计谋行事，一面又派人在长江上游监造攻陈用的舰只。开皇八年（588）三月，隋朝人向江南散发了三十万份传单，历数陈朝君臣的二十大罪状，以此动摇陈朝军民的斗志。隋朝人当时已经知道，在军事进攻前先发动舆论攻势，这在军事史上也算是创举。

平陈大将韩擒虎

平陈战役前出谋献策的除了尚书左仆射高颎，还有一人就是前面说到的北周名将贺若敦之子贺若弼，据说他当时曾献过"平陈十策"给隋文帝。文帝次子杨广与贺若弼谈论天下名将，贺若弼回答说："杨素是猛将而不是谋将，韩擒虎是斗将而不是领将，史万岁是骑将而不是大将。"杨广问谁可称大将，贺若弼说"当然是殿下所选择的人"，言外之意就是他自己。贺若弼虽然太自负，但他在隋朝将领中确实算得上一个有才华也很能打仗的军人，他所献的"平陈十策"，连高颎也认为非常靠谱，他在统一天下的战争中立了首功。

隋朝已经做好了进攻陈朝的充分准备。开皇八年十月，隋文帝下令晋王杨广、秦王杨俊、清河公杨素为行军元帅，指挥参战总管共九十人，作战大军共518000人，兵分五路，由长江的上中下游同时向陈朝发起进攻，全线的军事归晋王全权调度。

杨素的船队浩浩荡荡从上游顺流而下，旌旗和铠甲在太阳下发出耀眼的光芒，端坐在黄龙舟上的杨素英姿勃勃、相貌雄伟，陈朝人见了称他像江神一般。杨俊驻守汉口，指挥上游军事；进攻的重点放在了长江中下游，晋王杨广和宰相高颎在此坐镇；攻打陈朝都城的重任由韩擒虎和贺若弼担当。隋军选了开皇九年（589）正月初一渡江，那天长江上大雾弥漫，韩、贺二人渡江时，陈朝的守兵大年三十喝多了酒，和他们的皇帝陈叔宝一样沉睡不醒，隋朝大军南渡竟然没有被守军发现。年初二陈朝皇帝才知道隋军已经渡江，一直拖到初三他才召集文武官员商议对策，初四才勉强下了一道诏书，宣布由陈朝皇帝亲自统率六军，并命令和尚、尼姑、道士全都服役。

陈朝应战迟缓，韩擒虎、贺若弼二人分东西两面向陈朝京城迅速逼近，一路上没有遇到敌人像样的抵抗。正月初七，贺若弼已经打到了建康城外的钟山，韩擒虎离建康只有二十余里。那时建康城内还有十余万大军，尚可做一番抵挡，但陈叔宝整天只知哭哭啼啼，并不做任何抗战的准备。建康城破之后，手下劝陈叔宝堂堂正正地在宫殿向敌人投降，陈叔宝怕在战乱中丢了性命，宁可跳进一口井里藏身。隋军进宫，军士寻到井边叫唤，陈叔宝在井下不敢答应，井上人说要扔石块，陈叔宝这才在井里唤救命。众人放下绳子，拉起来沉得惊人，拉上来一看，原来陈叔宝和张贵妃、孔贵嫔三人绑在了一起。

隋朝军队平陈先后只用了两个多月，其中有许多战斗只是象征性的抵抗。陈朝灭亡之后,岭南地区越族人的首领冼夫人即派人迎接隋朝大臣去广州,不久隋文帝封冼氏为谯国夫人,从此岭南地区尽入隋朝的版图。就这样,隋文帝结束了长达三个半世纪的分裂,使中国重归于统一。战争进行得如此顺利,固然因为战前已做好了充分的准备,但更重要的是瓜熟蒂落、水到渠成,中国已经具备了统一的条件。

3. 开皇记事

杨坚称帝那年四十岁，在位二十四年，前二十年号"开皇"，后四年号"仁寿"。隋朝开皇年间天下实现了统一，制定了一套对后来中国历史影响深远的典章制度。这一时期，户籍殷实、国库富裕、社会相对安定。

汉承秦制，唐承隋制。隋的制度不仅为后来的唐朝继承，有的甚至一直沿袭了千余年，成为中国封建制度的基础。不过隋朝的政治和经济制度虽有创新，但也有对前朝的继承改良。

西魏、北周推行的均田制和府兵制在隋朝时遍及全国，这两项制度有利于调动农民的生产积极性，也增强了隋朝的军事实力。隋朝的奴婢和农民一样可以分得土地，官吏分得的土地比农民更要高出许多倍，而这些政策又都是为了保护士族大地主的利益。隋朝的政策虽然在庄园大地主和中小农户之间摇摆不定，但经过几次全国范围的户籍检查，隋朝政府控制的户籍到隋炀帝时，已由灭陈时的四百余万户增加到九百万户，所以隋的赋税尽管比南北朝要低，但政府的财政收入却大为增加。隋朝官府的粮食、布帛大都藏在长安、洛阳及中原的其他仓库中。据史书记载河南巩县的洛口仓，仓城周围二十余里，有粮窖三千个；河南孟津的回洛仓，仓城周围十里，有粮窖三百个。两处藏粮食二千多万石。二十世纪七十年代，在洛阳发现含嘉仓的二百多个粮窖，根据大窖的容积推算约可储藏一万石粮食，而且在一个粮窖发现已炭化的谷子约五十万斤。地下发现证明有关隋朝粮仓的记载并无夸张。官仓的殷实固然是从千万中小农户手里搜括来的，但也说明封建国家已从士族大地主的手里夺回了农民。

在政府机构的设置和人才选拔方面，隋朝则多有创新。其中对后世影响最大的是隋朝创立的三省六部制和科举制度。

三省就是内史省、门下省和尚书省，它们是朝廷处理国事的机构。内史省负责为皇帝起草和颁发诏书政令，门下省专门审核内史省下达的政令，尚书省则是执行政令处理具体事务的机构。在尚书省的下面还设置了分管各项事务的六个部，它们是吏部、民部、礼部、兵部、刑部、工部。吏部管官员的任免和考核；民部管户籍，唐朝时因避唐太宗李世民的讳而改称户部；礼部专管朝典仪礼以及选拔人才的科举考试；兵部类似于现代的国防部；刑部有点像是司法部；工部并非管工业，古代没有工业，民间的手工业匠人也无须皇帝老儿操心，工部的官员主要负责宫廷的各个皇家作坊，最多的自然是给宫中织绮绫罗缎的织坊，此外工部还要管宫殿、陵墓的修缮和建造。三省六部对后世影响很大，六部的设置一直沿用到了清朝末年。

科举就是按照科目选举人才的意思，在一个中央集权的制度下，这是非常重要的事情。汉朝就有秀才、孝廉等考试科目，但当时主要采取推荐制；魏晋以后实行九品中正，人才推荐都归到拥有政治权力的庄园地主——士族的手中。隋朝创立科举制度，由州县推荐人才到中央，经过考试依成绩录用。最初考的主要是儒家的经典，这对有着家学渊源的士族大地主子弟仍然有利，因为东汉以后经学一直是豪门大族的私学。隋炀帝大业年间设立进士科，着重策论诗赋，只要有才华，寒门子弟也照样能入围。进士科的设立为中小地主出身的士子，进入官场开辟了道路，封建国家的官僚队伍，也因来自下层的新人不断加入而增添活力。

第二章
隋炀帝其人其事

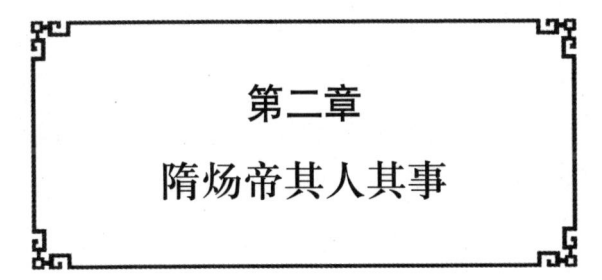

1. 隋炀帝登基

隋文帝和独孤皇后共有五个儿子。隋朝建立时这五个皇子都还没有成人,年龄最大的杨勇也只有十四五岁。隋文帝因夺取宇文家的权力当上皇帝,心里最清楚北周的江山是断送在昏庸的宣帝手上。隋文帝常对人说,山里面没有能打败老虎的野兽,只有藏在虎皮中的虮虱才能致老虎于死地。为了防止大隋的江山断送在儿孙的手上,隋文帝清理自己身上的虮虱从不留情。老三秦王杨俊从小就厌倦政治,十一二岁就想出家当和尚,后来不知怎么又迷上了木匠手艺。杨俊挪用公款修造宫殿,隋文帝将他禁闭在王府。杨俊在禁闭中抑郁而死,临死也没能见上隋文帝一面。杨俊死后,秦王府的人请求给秦王竖块碑,隋文帝说:"如果儿孙不争气,那块碑早晚会给人家拿去造房子,有一卷史书记下他的一生就足够。"在隋文帝的眼里,秦王杨俊是个沉溺于"奇技淫巧"没有出息的人。

太子杨勇和杨俊一样,也喜欢新奇的发明,虽然他还没有到自己动手制作的地步,但当时京城里第一流的工匠云定兴早已是东宫里的上宾,后来太子还公然爱上了云匠人的女儿。

隋文帝和独孤皇后对太子杨勇的行为很是失望，皇后对太子的"好色"尤其感到不满。

太子是皇位的继承人，东宫地位不稳，朝野都感到不安。而晋王杨广此时却在暗中积极活动，想取代杨勇入主东宫。晋王是隋文帝的次子，平陈之役年方二十就被委以统帅的重任，可见隋文帝对他的器重。晋王性格内向、不好言谈，但工于心计、城府极深，平素连皇帝皇后身边的人他都要小心结交，史书上说他为了表示自己不好声色，故意把琴弦卸去，晋王府的装饰也很简朴，这些都使他赢得了文帝夫妇的欢心。当时朝中最有势力的大臣是越国公杨素，晋王通过贿赂杨素的兄弟，暗中和杨素结盟。隋文帝最后听信杨素和妻子独孤皇后的话，废除杨勇，改立晋王杨广为太子。隋朝这次改换皇储，发生在开皇二十年（600），只过了四年，隋文帝驾崩，杨广就当上了皇帝。据史书说文帝病危时识破了杨广的欺诈，曾想召回杨勇由他继位，但为时已晚。杨广指示亲信将文帝毒死，然后举行登基大典，不久又把杨勇杀害。杨广就是历史上的隋炀帝。

2. 如日中天

　　隋文帝做皇帝时不过四十岁，隋炀帝继位比父亲早了三年，只有三十六岁，父子俩登基时都可谓年富力强。再说隋炀帝上台时，天下统一已有了十二个年头，太平盛世官仓里存放了堆积如山的粮食、布帛。年轻的皇上本来就是个精力旺盛、充满幻想的人，一旦手握乾坤，他自然就想马上干成一番惊天动地、空前绝后的大事业。只要留意隋炀帝所取的年号"大业"，就能猜出朝堂之上这个不肯轻易开口的皇帝的勃勃雄心。隋炀帝出手不凡，大业年间果然干出了几桩大事业。

　　营建洛阳和开通大运河是隋炀帝在位时最具影响的两项大工程，也是隋炀帝生平所做的两桩大事业。

　　隋朝的都城原在秦汉长安旧址，但旧城的规模和城市的供水条件，已无法满足大一统国家的需要，所以隋文帝开皇年间已经开始在旧城附近营造新都大兴城。大兴城面积七十平方公里，比老北京城还大，但这座仓促建起的都城最初很多地方空着没有人居住。

　　长安位于西北，然而经过了东晋、南朝数百年的开发，江南的经济地位日益重要，例如隋朝官仓的粮食便大多由山东、淮南运来。因此，无论从都城日常生活品的供应，还是从朝廷对经济发达地区的控制考虑，继续把朝廷设在长安都有诸多的不便。隋炀帝于仁寿四年（604），也就是他即位的当年，就下令营建东都洛阳。隋炀帝在诏书中，对于营建东都日后对贡赋的运输、朝廷用兵，以及边远地区的政治影响一一作了指示。

洛阳城的营造工程开始于大业元年（605），负责这项工程的总设计师是隋朝三大工程专家之一的宇文恺（和他齐名的还有何稠、阎毗）。工地上每月征发的民工约二百万人，只用了十个月，新的洛阳城即告完工。新城规模宏大，周围五十五里，分宫城、皇城和外郭城三重。外郭城内又有东城九十六坊，西城三十六坊，还有东、南、北三市，即东丰都、南大同、北通远。古书上说洛阳城外通远码头舳舻万计，丰都市上一百二十行三千余肆，甍宇齐平、遥望如一、榆柳交荫、通渠相注。唐代仍然以洛阳为东都，武则天和唐明皇经常驻跸洛阳，不仅因为东都繁华，常常也是为了缓解长安供给的不足，减小粮食转运的压力。

一千三百多年过去了，当年的东都早已毁灭，但现代考古学家在今天的洛阳西面找到了古城的遗址。根据实地勘测结果，古城周长有五十里，城门和下水道的遗迹犹在，城内宫城、皇城也清楚可辨，城市的中轴从宫城中央向南一直穿过外郭城门，正对着城外的伊阙山。

隋朝结束长达三百余年的分裂，建立了疆域辽阔的大帝国。如此庞大的国家，不能没有相应的军队和官僚队伍来维系，要供养军队和官吏，维持众多城市人口的生活，就必须广设仓库、储积粮食。说到粮食的储积就少不了来来往往的运输。古代运输工具落后，依靠人工开凿运河，是当时最有效的方法。秦始皇当年派兵征岭南，也是通过开凿运河解决南北运输困难的，秦朝开凿的那条运河就是连接湘江与漓江的灵渠，它的交通作用直到近年才被湘桂铁路所取代，然而灵渠的水至今仍在灌溉着两岸六万亩良田里的庄稼。

隋朝的运河工程始于开皇年间，首先开凿的是自大兴城到潼关三百余里的广通渠。目的是想要解决渭水流小沙深，一年四季流量不稳，给粮食运输带来的不便。隋文帝说虽然知道天气酷热、开河人很辛苦，但是"不有暂劳，安能永逸"。

隋炀帝开凿大运河与修建洛阳城是同时进行的，第一期工程开始于大业元年（605），征发了河南、淮北一百万民工开凿由洛阳到淮水的通济渠；又征发淮南十几万人开邗沟，这段运河由山阳（今江苏淮安）到扬子（今江苏扬州南）直通长江。大业四年（608）再征发河北民工一百多万人开凿永济渠，引沁水到黄河，将运河与北面的涿郡连接，此为第二期。然后又有第三期，在大业六年（610）开通了从京口到余杭（今浙江杭州）一段，称江南河。至此一条以洛阳为中心，北通今日北京，南到浙江杭州，全长四五千里的大运河完全竣工。大运河是世界

023

最伟大的工程之一，它和秦代的万里长城一样，都是中华两千年物质文明的象征。从大业元年（605）算起，大运河的开凿前后只用了六年，工程之所以进展如此迅速，因为施工过程中利用了很多天然的河流以及旧有的河道，由此可见隋朝的工程技术人员已经能够熟练掌握复杂的水文测量。大运河的工程质量也有许多可圈可点之处，运河的主要河段宽四十步，河的两边修筑了整齐的御道，栽种柳树。传说隋炀帝曾用一种装着一丈长铁脚的木鹅来检查运河开掘深度，木鹅顺流而下时，若其停止不前，则证明河深未满一丈，于是参加该段施工的民夫通通要被处死。这样的处置尽管过于残酷，但是在封建官僚社会，如此巨大的工程，没有严厉的制度，质量绝对无法保证。如果不想给后人留一摊"豆腐渣工程"，除了酷刑，当时又能有什么更好的方法？

据史书记载，仅修造洛阳城的数百万民夫，大约有一半因劳累而死。况且这种超负荷的劳作，有的仅仅是为了满足隋炀帝个人的骄侈淫逸而已，比如营造东都时曾派人从长江以南，五岭以北运来大量嘉木异草、奇材怪石、珍禽奇兽，为的只是装饰宫苑。东都竣工之后，隋炀帝又调集民工修造了一座周围二百里的皇家花园，名曰"西苑"。苑内有巨大的人工湖，号称为海。海上有蓬莱、方丈、瀛州三大岛屿，高出水面百余丈。岛上有楼台亭阁，蔚为壮观。在流入人工湖的所谓龙鳞渠的两岸又有十六处宫苑。秋冬季节万木凋零，隋宫里的人异想天开，以彩帛剪为花叶，湖里放置了用帛制成的荷芰菱芡。每逢月夜，隋炀帝都要率宫女骑着马弹着乐曲《清夜游》赏玩西苑。

天下统一给隋朝统治者带来了过去从未有过的惊人财富，也带来了过去从未有过的可供他们差遣的百万兵士民夫。凭借巨大的财富和劳力，隋炀帝做成了从前无法想象的大事业。连续的成功进一步刺激了他的权力欲和虚荣心的膨胀，使他越来越以为自己无所不知、无所不能。

大业元年（605），宫中建起三万六千人的仪仗队，全以漆丝做皮冠，衣服和旗帜上都装饰以日月星辰的花纹。为了收集装饰仪仗所需的羽毛，农户们几乎捉尽了四乡的鸟禽。仪仗队的装备总计花费约十万人工、上亿的钱财。从此隋炀帝每次出行，后面便有了这支连绵二十余里装饰豪华的仪仗队。

大业三年（607），为了向突厥人夸示大隋的国力，隋炀帝让宇文恺造了一座巨型帐篷，中间可坐数千人。不久，隋炀帝巡行西北，又令宇文恺造了一座观风行殿，能够拆装，并装有轮子可以运行，殿上可容纳数百侍卫。还以木板为支架，布为材料，昼夜建成一座周长两千步的"行城"。这座行城外面都用颜料画得像真的城堡一样，城上的设施也一样不少，胡人不知内情，以为隋朝人有天神相助。

大业六年（610）正月十五，各少数民族和西域酋长聚集洛阳，隋炀帝为了招待他们，临时搭建周长五千步的剧场，表演"百戏"，演奏丝竹乐器的竟有一万八千人之多，剧场上奏起的音乐，据说数十里外也能听到。演出通宵达旦，灯火烛光，照耀天地，这一盛况直到正月底才结束。古书上说后来正月十五闹元宵，就是从这时候开始。那些胡人看完表演，想到洛阳的东市丰都购物，虚荣的隋炀帝连忙下令，把店肆装修得整整齐齐、焕然一新，铺子里陈列着最好的商品，不论店家伙计都穿着豪华的衣服，即使摆摊卖菜的也在地上铺了龙须席。那些胡人经过酒店饭铺，店家无不盛情相邀免费款待，主人还要对客人吹嘘：中国富饶，喝酒吃饭向来是不付钱的。酒足饭饱的胡人听了，个个惊讶不已，但稍愿动脑筋的便会指着店门前缠满绸缎的树，问主人："我也见过衣不遮体的中国人，何不把这些绸缎送给他们，而要缠在树上？"经这一问，哪怕再老练的商人也都惭愧得无地自容。

此外，从一些谴责隋炀帝的史书中，我们也能找到一些今天看来有益于文化的事：例如，他曾下令将宫中所藏三万卷图书每种分抄五十个副本，共得一百五十万卷，全都宝轴锦褾豪华精装，分甲、乙、丙、丁四部分藏于长安、洛阳内宫外朝。在印刷术发明之前，如此大规模的典籍抄录，可谓文化史上一件盛事。

史书上说，隋炀帝藏书的洛阳宫观文殿前的十四间书室，门前悬挂着珍贵美丽的门帘，上面有两个飞仙，门外地下安有机关，皇帝走到门前用脚轻踩开关，飞仙就会降下，将帘子收起，然后房门和书橱门都会自动开启。隋宫里的自动装置或者机器人不止一处，朝散大夫黄衮还曾根据古代的资料，为隋炀帝造过一整套能在水上航行的"妓航"，"酒船"；船上有栩栩如生的各类木偶人物，人偶演奏的钟磬筝瑟都能发出好听的音乐。儒家的史官记下这些材料绝不是要证明当时科学技术的发达，在他们眼里，这些材料全部都是昏聩君主迷恋奇技淫巧的佐证，所以今人担心材料是否经过有意的渲染，当时的科技实际上并没有那样高明。但即便其中有所夸张，隋朝的能工巧匠、科技专家表现特别活跃，当是不争的事实。譬如造船业当时就十分发达：隋初，杨素在四川造过高百尺有五层楼的大舰，叫五牙；隋炀帝乘的龙舟高四十五尺，阔五十尺，长二百尺，分四层：船的上面是正殿，中间有一百六十个房间，要用几百人挽着走，简直像是水上宫殿。琉璃即玻璃，古称"西国之宝"，秦汉一直靠进口。北朝时我国已有琉璃作坊，史书上说隋朝工艺家何稠用绿瓷代替琉璃，但1957年在西安发掘出土大业四年（608）的一座古墓，内有制作精美的绿色透明玻璃瓶和绿色蛋形器，证明隋朝工匠制造的琉璃也有很高水平。大业元年（605）修造的赵州桥更是妇孺皆知。隋朝的这些大大小小的科技发明创造，没有一样少得了宇文恺那样的工程技术专家的参与。其实文帝的五个儿子对于工艺创造和发明都很感兴趣，秦王杨俊热衷于工程建筑前面已经提到，他造的一座水上宫殿用香料装饰墙面，门帘、地砖、窗棂用的都是黄金白玉；四王子杨谅宫中有个叫耿询的人，复原过汉朝马钧以后失传了数百年的指南车。

史书上说隋炀帝嫉妒人才，薛道衡、王胄诗写得好，隋炀帝非常妒忌。将薛道衡杀害后，隋炀帝还不无得意地说："看你还能写出'空梁落燕泥'这样的好句吗？"王胄死后，隋炀帝也念着他的佳句"庭草无人随意绿"说过类似的话。隋炀帝不重视文人，但当时有技术专长的人却很吃香，工匠出身的云定兴原是故太子杨勇宫里的人，女儿又嫁给杨勇为妃，但杨勇全家都被杀害，云定兴却因技艺高超，在大业年间依然得到了重用。隋朝王公大臣都讲究马鞍铠甲之类的器具行头，云定兴制作的行头在当时极为流行。有一次，他为许国公宇文述特制了一副马鞯，新颖的式样深受京师贵族喜爱。这种马鞯的后角在制作时故意露出一道三寸长的白口子，故称其为"许公缺势"。

还有一件如今看来仍然关系很大的事，也是因为有隋炀帝那想入非非的头脑才得以实现，这就是隋朝时大陆人三次到流求探险：据《隋书》上说，有个叫何蛮的"海师"，每当春秋两季天气清朗、风平浪静的时候，都能看到很远的海上有烟雾出现，也不知距离大陆究竟有多远。大业三年（607），隋炀帝派朱宽航海探访民俗，朱宽从何蛮处知道远处有烟雾的事，便邀何蛮一起去探险。他们到达了流求，由于语言不通，只带了一名当地人返回大陆。第二年，隋炀帝又派朱宽去流求，想让他们向隋朝称臣，朱宽出使没有成功，只带回了一些岛上人使用的"布甲"。最后一次，隋炀帝派陈陵和张镇周再度前往，前后经过三次探险，隋朝人对流求的地理人文与风俗有了详尽的了解。《隋书》上记载："坐船到流求要在海上航行五天，岛上有许多山洞。流求王姓欢斯，名叫渴剌兜，本地人都称他为可老羊，称他的妻子为多拔荼。王住的地方叫波罗檀洞，王的下面有四五分统各洞子的小王，比小王更小的官叫鸟了帅，推举善战的人担任，管理一个村子的事。男女都用白麻扎头，男人用鸟的羽毛做冠，上面点缀贝壳珍珠，妇女戴罗纹布的帽子。流求的土著有刀、矛、弓箭等武器，但铁制品很少，用骨角来代替。岛上没有文字，以月相纪岁时，取海水晒盐，从植物的茎秆中取汁当饮料，用粮食酿酒。歌唱时，一人领唱，众人都随着和唱；跳舞时，女子总是举着双臂，摇着手欢舞。岛上有熊和豺狼，猪和鸡尤其多，但没有牛、羊、驴、马。岛民用一种长一尺余、宽数寸的石器翻耕土地，栽种水稻、高粱以及红、绿、黑豆。木材有枫木、樟木、松木、楠木、杉木、竹子、藤，果树和江南差不多，气候和岭南相同。"

历史学家认为隋书上的流求便是今天的台湾，那里自古就是我国的领土。隋朝大业年间三次航海，加深了大陆与台湾的相互了解。《隋书》关于流求的记载是今人研究台湾史的宝贵资料。

隋炀帝大业五年（609），隋朝统治达到了极盛。就在这一年，隋王朝的疆域共有190个郡1255个县，朝廷控制的民户达到了最高峰的8 907 536户，在籍人口46 019 956人，其中隶属今日新疆及青海的鄯善、西海、且末、河源四郡，都是同年隋炀帝巡行浩亹川（今青海东北），征伐吐谷浑之后新设。也是在那年，隋朝正式定洛阳为东都；隋将张镇周、陈棱那年从今天的广东潮州起航，开始了隋朝的第三次远航台湾；大致也在那一年，日本天皇以极为隆重的礼仪，欢迎来自海西大国隋朝的使臣裴世清。

大业五年（609），隋王朝如日中天——司马光的《资治通鉴》称这一年为隋朝的极盛年代，但帝国的辉煌就在这时开始，像日环食那样渐渐变得暗淡起来。也是在那年，大隋朝最重要的儒臣薛道衡，仅仅因为写了赞美先皇隋文帝的《高祖文皇帝颂》，又对前年遇害的宰相高颎说了几句怀念的话，便被隋炀帝赐死狱中。这是继大业三年（607）杀害高颎、贺若弼等朝廷重臣以来，又一场震惊朝野的冤狱。

3. 兵败高句丽

隋朝在短短二三十年间成为强盛的大帝国，完成了前人做梦也未曾想到过的巨大工程，然而统治者已经大大透支了臣民们所能给予的忍耐和信赖。在"极盛"的609年前一年——大业四年，大运河修到了涿郡。洛阳到涿郡这一段运河通航，隋炀帝便开始做他在位时的第三件大事——连续发动三次对高句丽的战争，史称征辽东。正是这三次连续不断的军事远征，把隋朝的老百姓推进了战争的深渊，同时也给大隋王朝灭亡掘好了坟墓。

高句丽是当时朝鲜半岛上分裂的三个政权中最强大的国家，都城在今日的平壤。隋文帝时曾派汉王杨谅征讨过辽东，因粮食运输不济，无功而返。隋炀帝早有攻打高句丽的设想，为了避免重蹈汉王的覆辙，一直等到通往涿郡的永济渠开通才行动。大业六年（610），也就是在永济渠通航后的第二年，隋朝开始向富人征收战争特税，并将历史上最大的后勤力量集中到了涿郡。这支后勤队伍约有二百万人，其中包括六十万的独轮车夫和三十万辆独轮车，他们要把大约九十万石粮食运至辽东，供养作战士兵。而涿郡堆积如山的粮食，则是依靠民船从洛阳附近的官仓漕运到此地，书上说运粮的船队前后连接千里。至于正式作战的兵士共计1 133 800人，号称二百万。如果这些数字确实的话，结集到前线的人员大约是全国总人口的1/13。能上前线的大多是青壮年，以青壮年男丁为总人口20%计，调集到涿郡的男丁约占男丁总数的40%——但以上的数字很可能被后人夸大。由于大业七年(611)黄河发大水，淹没四十余州，打乱了隋炀帝的军事计划，所以征伐高句丽的行动推迟到了大业八年（612）正月才正式开始。隋炀帝亲临前线，他命令作战部队和后勤部队分成二十四军，出发时须等前面一队全部上路，后面一队方能续发。全部二十四军出动完毕，先后就用了四十余天。数百万的人马，首尾相接、鼓角相闻、旌旗招展，整整排了960里的长队。这哪里像是打仗的队列，倒好似现代人发动的象征性大游行。另外，大将来护儿率领水军，已从登州出发，浮海先行。浩浩荡荡的隋军，在天寒地冻的辽东作战，当时的东北和鸭绿江以南，有许多茂密的原始森林，对不熟悉地形的隋军极为不利。战争一直延续到夏末雨季，隋军在恶劣的天气中作战显得愈加被动，水军没有来得及与陆路配合，就被防守严密的高句丽军队打败。隋炀帝派三十万精锐渡过鸭绿江作战，每个人都背负了太多的粮饷，导致军队行动迟缓，结果这支军队几乎全部覆灭，到那年八月底隋炀帝才撤军回到洛阳。

大业八年（612），历时八九个月的第一次远征刚刚结束，大业九年（613）正月，隋炀帝又宣布了第二次征辽东的命令。初夏，新一轮对高句丽的进攻又开始了。四月，隋炀帝统率大军再次渡过辽河，但直到六月仍然没有攻下辽东城。又过了一个月，从后方传来礼部尚书杨玄感已在上月发动兵变的消息，兵变的地点就在隋朝的统治中心洛阳附近。杨玄感是前宰相杨素之子，当时他正驻守黎阳仓，负责向辽东前线运输军饷。隋炀帝派最优秀的将军宇文述从东北战场赶回。尽管经过不太长的战斗，很快就将叛军镇压下去，但这次叛变对隋朝的天下和隋炀帝本人，仍然造成了极大的震动。

那年的下半年，隋朝境内爆发了八次起义，而且分布非常广泛。但令人不可思议的是，大业十年（614）隋炀帝仍然宣布继续发动对高句丽的第三次远征。史书上说，宣战前隋炀帝曾向臣僚征求意见，但"数日无敢言者"。大业十年（614）三月，隋炀帝到达涿郡时，亲眼看到了沿途逃亡的士兵无法阻拦，但七月他仍然率军前往辽西。这次因隋朝的水军在辽东打败了高句丽人，不等隋炀帝进攻，高句丽王就向隋朝求和，知道无法再战的隋炀帝借此罢兵，并让高句丽王来中国朝见。高句丽王没有践行，隋炀帝又下令准备第四次远征。只是此时隋朝国内烽烟四起，起义不断爆发，隋炀帝的远征才被迫中止。

然而，不管隋炀帝发动战争的动机如何，连年用兵已经把隋朝的老百姓推进了灾难深渊。可是，精明过人的隋炀帝似乎没有意识到眼前的危机，在结束第三次远征回到京师以后，他还在诏书中说了一堆天下太平、海内晏如的话，实际上那时国内已经陷入一片混乱，官军正在几条战线与造反的农民作战。次年夏天，隋炀帝仍然兴致勃勃去汾阳宫避暑，接着又去长城巡行，没想到突厥始毕可汗向隋境发动进攻，把隋炀帝团团包围在了雁门。始毕可汗的父亲启民可汗从前臣服隋朝，和隋的关系相当友好，但这时隋朝已经衰落，突厥的力量反而渐渐强大起来。隋炀帝迫不得已，只好向士兵保证今后不再远征高句丽，这才在众将士的保护下突破了重围。"雁门之围"再一次打击了目空一切的隋炀帝。但刚脱离险境，隋炀帝就将主张放弃攻打高句丽的大臣罢免，然后他又乘着龙舟第三次下了江南。

4. 谁当斫之好头颅

　　隋炀帝三下江南，是旧时小说戏剧和民间传说中常见的主题。前面已经说过，有关隋炀帝的历史，是推翻他的统治后建立新王朝的那帮人写的，对于他的荒淫奢侈、凶狠残暴，不免存在歪曲夸张。根据这些材料进行艺术加工的隋炀帝三下江南的故事，将一个毫无节制地滥用权力、拥有许多豪华宫殿和享不尽声色的旷世暴君，栩栩如生地灌进了不同阶层男男女女的脑海。

　　民间文学中最感兴趣的莫过于隋炀帝"以各种异想天开的方式沉迷于女色"，但芮沃寿在《剑桥中国隋唐史》中则认为："即使怀有敌意的修史者也不能掩盖这一事实，即他的正妻，一名聪慧和有教养的妇女，从未遭到他的冷落而被宫内其他的宠妃代替。她始终被尊重，而且显然受到宠爱。"对于这些史料，中国的研究者自然比西方的芮教授更加熟悉，只是视角的不同，往往就会有截然不同的结论。芮教授认为隋炀帝"毕竟是一个美好事物的鉴赏家""一位有成就的诗人和独具风格的散文家"，可能还有点像"政治美学家"。所谓政治美学家，芮解释说：

这种人"自欺欺人也许"是他们的"一个规律",他们的政治个性带有"强烈的艺术成分",具有"炫耀性的想象力",而以上这些个性能够使这一类所谓政治美学家的个人历史,"具有戏剧性,并使一切现实服从野心勃勃的计划"。

我们不说政治美学,还是继续隋炀帝第三次下江南的话题。大业十二年(616)大驾起程前,除了几个阿谀奉承的亲信,几乎没有人赞成皇帝在天下动乱的紧要关头,离开府兵集中的关中,有几个人甚至冒死进谏。令人不可思议的是,隋炀帝砍掉了那几个忠臣的脑袋,显示他此行的决心。从隋炀帝给宫人的一首留别诗——"我梦江南好,征辽亦偶然。但留颜色在,离别只今年"来看,皇上只是打算暂时去圆一下他的江南梦,但到南方之后,他似乎又有了迁都丹阳的打算。隋炀帝在扬州时,各地反隋力量如火如荼,但周围的人并不敢告诉他真相,这纵然因为身边的奸诈小人,不愿让皇帝了解事实真情,但隋炀帝长期的统治作风,也早已形成了群僚报喜不报忧的风气。我们不知道隋炀帝对于庞大帝国当时的真实状况究竟知道多少,但在临近灭亡时,隋炀帝确曾对一直宠爱的萧皇后说:"外面图谋我的大有人在,然而顶多不过当一个陈叔宝那样的长城公(叔宝降隋,被封为长城公),而你也不怕没有叔宝妻子沈皇后那样的待遇"。还有一次,隋炀帝照着镜子对萧皇后说:"这么好的头颈还不知谁来砍它(谁当斫之好头颅)。"萧皇后听了大吃一惊,问皇上为何说这不吉利的话,隋炀帝笑着对她说:

"贵贱贫富轮着尝尝,又有何妨。"听他们夫妇这段对话,隋炀帝似乎对于大难临头也不是毫无准备,但他恐怕真的不知道谁当斫之好头颅。

大业十二年(616)过去了,大业十三年(617)又过去了,年轻时就在扬州度过,能够熟练使用吴语的隋炀帝,似乎还没有从他的江南好梦中苏醒过来,然而在他身边,一批出身西北,如今在老家仍有妻子儿女的御林军,却做起了思乡梦。利用武士们的思乡情结,几个野心家开始策划杀害皇帝的阴谋,为首的便是隋炀帝最宠幸的大将宇文述之子宇文化及和宇文智及兄弟俩。宇文家的这对公子很早就以无恶不作闻名长安,但在大业的最后几年,隋炀帝仍把御林军交到了他们手上。宇文兄弟说是策划阴谋,其实在许多场合,谋反已是个公开的秘密。有个太监向萧皇后报告了御林军的阴谋,萧皇后叫他立即禀告隋炀帝,不料隋炀帝竟莫名其妙地下令将揭露阴谋的太监处死。谋杀发生的前数日,又有一忠于皇帝的宫人向萧皇后报告兵变即将发生,这时候皇后也感到无可奈何,说:"天下已经到如今这般地步,说了又有什么用呢?还不是白白叫皇上担忧。"显然这时萧皇后已经知道事情无法挽回。

大业十四年(618)三月己酉夜,酝酿已久的兵变终于发生。叛将令狐达持刀入宫,隋炀帝站在窗口问:"你想杀我?"令狐达将皇帝挟持到屋外,交给隋炀帝当年做晋王时的亲信裴虔通看守。天亮后,裴虔通逼迫隋炀帝乘坐骑去朝堂见大臣,隋炀帝嫌马具太旧不肯骑，只好给他换上新的。兵变首领宇文化及不敢见隋炀帝，急忙令左右快下毒手。隋炀帝对准备下手的人说："我实在有负于天下百姓，至于你们，无论名还是利，都已达到了极点，为什么还要如此？"隋炀帝原本早已让身边人准备了毒酒以防不测，只因事发后左右逃散，毒酒没有找到，而来不及自尽。叛将先杀了在一旁啼哭的隋炀帝小儿子赵王杨杲，这时隋炀帝提出饮毒酒自杀不许，隋炀帝说："天子自有死的法子，怎么能让你们用刀将我宰杀。"说罢解下身上一条白练，交给令狐达，叫他将自己勒死。

隋炀帝杨广

第三章
李唐立国

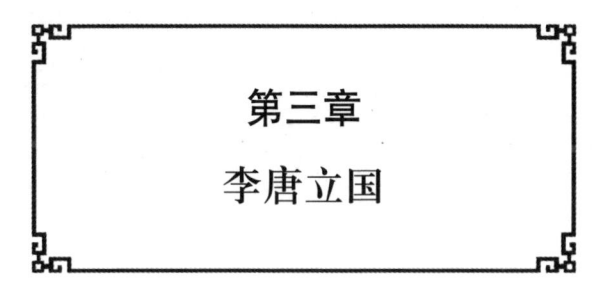

1. 四十八家烟尘

大业五年（609），朝廷控制的民户达到了最高峰的900万——隋王朝如日中天，然而隋朝臣民承受的负荷也已经达到极点。但隋炀帝丝毫没有意识到潜伏的危机，只以为眼前的一个个奇迹，都是凭着他个人的雄才大略才实现的。皇上以为即使与秦皇汉武相比自己也毫无逊色，甚至相信自己已经超越了古往今来一切君王。怀着这份自信，隋炀帝向天下的文人发出挑战——即使与你们比试文章，做天子的也应该是我。隋文帝即位时生怕别人说他窃国篡权，制造了他出生在般若寺时，天空曾经出现满天彩霞的神话到处散布，而隋炀帝不屑编造神话，因为他已经创造了神话般的奇迹。说实话二千多年的封建社会，还真没有一个皇帝曾经说过"以文章高选天子"这样的话，多的倒是像隋文帝那样，制造真龙天子神话的人。但不管是神力还是人力，都无法和民众的力量对抗——这不是哪一个人的力量，而是天下人的合力，或者说历史的潮流。

太阳当空也就是日落西山的开始，这个普普通通的道理，青云直上的时候往往不易看清。但不管隋炀帝是否明白，在他下令征高句丽时，隋朝的江山已经开始动摇。

大业七年（611），隋军正向涿郡集结队伍、调运粮食，偏偏又遇上太行山以东的黄河发了场大水，山东是重灾区。当地的庄园地主势力，又较关中平原更为强大，地主的剥削往往要比朝廷更加厉害；而隋朝征高句丽，又多是在这一地区调集民工。天灾人祸这一切，全都摊到了当时山东老百姓的头上。长白山在今天山东邹平的南面，章丘和淄博之间，有个叫王薄的在那里揭竿而起，拉开了大起义的序幕。王薄自称"知世郎"，说自己能预知未来、洞察一切。自陈胜吴广狐鸣鬼叫、假传天意以来，凡发动农民起义用的几乎都是这几招，两千年屡试不爽，除此封建社会恐怕没有什么更好的舆论工具。然而王薄起义流传下来的一首民谣，却是绿林好汉享受人生、及时行乐的歌。

长白山前知世郎，纯著红罗锦背裆，长槊侵天半，轮刀耀日光。上山吃獐鹿，下山吃牛羊。忽闻官军至，提刀向前荡，譬如辽东死，斩头何所伤。

自王薄以后各地的起义接连不断，从今天的山东、江浙、广东、陕西一直蔓延到了全国。起义军的主体大都是躲避兵役、劳役的个体农民，但起义军首领的构成却很复杂。他们中有底层平民，也有地方富豪，甚至有出家的沙门，后来还加入了不少原来隋朝的大小官吏。泥沙俱下、鱼龙混杂本来也是大动乱中难免的现象。隋末起义队伍究竟有多少？《旧唐书》记载共四十八支，《说唐》之类旧小说依照史书称之为"四十八家烟尘"。有的学者从隋唐史料中稽异钩沉，发现隋末起义先后共有一百二十八起。起义军开始很分散，为了对付隋朝的镇压，他们渐渐聚集成了几个较大的集团。其中影响最大的是翟让、李密领导的瓦岗军，杜伏威、辅公祐领导的江淮起义军，以及夏王窦建德率领的河北义军等三支。在隋末大动乱中，有一些参加镇压起义军的隋将也乘乱扩张兵力，后来逐渐发展成为独霸一方的割据势力。隋亡后在洛阳称皇帝的王世充就是这一类人物。

王薄起义后不久，爆发了翟让领导的瓦岗军起义。翟让是隋朝小官吏，犯了王法被判死刑，越狱后在河南瓦岗寨（河南滑县南）举起了反隋义旗。山寨里瓦岗军成员，都是些渔夫猎户，他们擅用长枪，常劫持官府的马匹，或者拦截运河里的商船。后来因李密的加入，占山为王落草为寇的瓦岗军，才有了更加远大的战略目标。

李密的祖父是北周的开国功臣，李密年轻时在隋炀帝的御林军中当过殿前卫士——这是当时公子王孙的一种荣耀。隋朝时候，西北贵族不太相信风水，却很迷信相术，朝廷录用官吏要请相士暗中把关。隋炀帝自己对相术就很精通，所以不用他人代劳。一天，隋炀帝偶然发现殿前卫士中有个黧黑的年轻人面相极为不善，下朝时便令御林军统领宇文述将此人除名，这人正是李密。圆滑的宇文述只对李密说，在御林军中混日子的，都是些不学无术的纨绔弟子，像你这样有才气的人，不应该在此虚度光阴。李密不知内情相信了宇文述的话，回家埋头读书，就是外出也把书挂在牛角上边读边行。李密在路上读书碰巧给宰相杨素撞见了，杨素对他大加赏识，让儿子杨玄感和李密做了朋友。牛角挂书后来成了一个典故。黑面小儿日后果然参加了杨玄感的兵变，建议玄感进军关中，动摇隋朝的根基所在。可惜杨玄感没有听他的忠告，结果还没有站稳脚跟就遭到失败。

杨玄感兵变失败，李密四处逃亡，没有一支义军肯收留他。最后翟让因他有谋略，接纳他到瓦岗寨。李密进寨不久就成为起义军实际上的领袖。不能因为他是贵族出身，我们就说他篡夺了农民起义军的权力，核心只能在斗争中形成，残酷的战争年代更加如此。李密指挥瓦岗军，先后打败了隋朝最凶狠的大将张须陀，攻克了全国最大的粮仓，直接威胁洛阳。瓦岗军有了吃不尽的粮食，就好似有了一块强大的磁石，吸引到大量饥饿的农民，很快队伍发展到了十万之众。黑面小儿李密成为隋王朝的掘墓人，隋炀帝或许以为自己的相术果真灵验，其实又怎么知道，正是他的相术把这个御林军的卫士，推到了敌人的阵营。至于李密后来成为叱咤风云的英雄，恐怕也和当年牛角挂书不无关系。

洛阳是隋朝政治经济的枢纽，李密兵临东都，隋炀帝再糊涂也不能不作出反应——他赶忙派出亲信王世充率军从江都开往洛阳增援。王世充本是西域胡人，原姓支，他的家族在长安附近已经侨居了二三代。王世充的祖父死得很早，祖母改嫁给了一个王姓的汉人，王世充父亲支褥后来就随后父姓了王。王世充虽然是胡人的后裔，但却受过很好的汉文化教育，他不仅熟悉经史之学，对占卜算命之类也有研究。隋文帝开皇年间，王世充在兵部当个小官吏，口才很好且熟悉法令。隋炀帝时王世充当上了江都令和江都行宫的总管，每次隋炀帝到江都，他都想方设法讨皇帝的欢心。隋朝镇压江南起义军时，王世充仅仅是个偏将，和接连打败仗的大将们相反，这位偏将却取得了出色的战绩。王世充的秘密在于，每次获胜他都把功劳归于手下，把赏赐分给大家。成功的将领或许残暴，但杰出的将军无不知道，大公无私在军中的重要。隋炀帝在雁门被围时，王世充带兵从扬州出发前去护驾，他蓬头垢面、睡不解甲、日夜兼行，隋炀帝知道后对他更加信任。中原告急，隋炀帝把这副重担交给了偏将王世充，无论对于他的胆略、勇气还是忠诚都是一种褒奖。据说此前在一次与义军作战之后，隋炀帝还曾亲自给王世充敬酒，这对孤傲的隋炀帝来说是很少有的。

  王世充和李密打起仗来旗鼓相当，两个人在洛口交锋，先后打了百余仗不分输赢。隋炀帝又下令在军中拜王世充为将军，催促他早日消灭这个让皇帝不安的黑面小儿。当上了将军的王世充指挥大军渡过洛水与李密作战，结果被瓦岗军打得落花流水，在水中淹死的人就有一万多。在撤退的途中又遇上了天寒大雪，王世充的部下半路上冻死的又有数万人，等回到营地只剩下了千余人。王世充垂头丧气，自己进了监狱表示认罪。留守洛阳的隋炀帝孙子、越王杨侗召王世充进东都，派他守含嘉仓。不久王世充又招兵买马重整旗鼓。

宇文兄弟杀了隋炀帝后，立了隋炀帝侄子秦王的儿子杨浩为皇帝，挟持着江都的文武百官和萧皇后前来攻打洛阳。这时越王杨侗已在洛阳称皇帝，王世充当上了吏部尚书。杨侗听左右亲信的话，封李密为太尉，令他迎战前来攻打洛阳的宇文化及。有人劝李密不要受杨侗招安，避开宇文化及率领的御林军以保存实力，但太尉这个头衔，对黑皮小儿诱惑实在太大，尽管曾牛角挂书熟读经史，穿红披紫出将入相的荣耀终究还是看不破。李密披挂上阵，去和宇文家带来的宫廷卫队作战，瓦岗军打得十分艰苦。当胜利的捷报接二连三传进洛阳宫时，杨侗为仇人宇文化及的失败高兴，可王世充却担心李太尉凯旋，自己的如意算盘将会落空。于是他先发动了一场宫廷政变，除掉了杨侗身边的亲信大臣，把朝政全都捏到自己的手上。李密虽打败了宇文化及，但瓦岗军的损失也相当惨重。王世充乘机向瓦岗军发起攻击，李密大败，只带了数十骑入关，投降刚建立不久的李唐政权。

瓦岗军之所以能成为隋末动乱中举足轻重的力量，李密起了很大的作用，但瓦岗军最后失败的根源，也出在他的身上。李密打开粮仓、吸引饥民、迅速扩大起义军的影响，这是他高明的地方。但开仓散粮时，一下子来了近百万人，因为缺乏管理，听凭老百姓随意取粮，地上散落的米积了几寸厚；因没有淘米的器具，结果淘洗时撒在河里的米绵延十里，远远看去如同白沙，造成了极大浪费。

王世充后来废黜了杨侗，自己称皇帝，国号郑。

江淮起义军头领杜伏威、辅公祏与贵胄子弟李密的社会背景完全不同。杜伏威是个穷得吃了上顿不知下顿的农家子弟，因生活所迫还常干些鸡鸣狗盗的事情。天下太平这种人就是常说的游手好闲、不务正业之徒，但等到乱世出头露面率众起事的，往往也都是他们。地主骂他们是痞子，然而他们重义轻利、舍生忘死，却是那些安分守己农民没有的优点。杜伏威和辅公祏是刎颈之交，辅公祏姑妈家以牧羊为业，辅公祏经常帮助杜伏威偷姑妈的羊，姑妈发现了到官府告状，俩人就一起逃到外面聚众偷盗。那年杜伏威只有十六岁。这伙人行动时，杜伏威总是冲锋在前撤退在后，保护同伴的安全，所以他在众人眼里特别有威信，后来大伙便推举他为头领。大业九年（613），就连安分守己的老百姓都开始造反，杜伏威他们也跑去投奔长白山的起义军。可是长白山的义军，对这伙毛贼瞧不上眼，一气之下杜伏威他们就远离家乡山东，跑到江淮地区去打天下。淮南当时也有几支造反的队伍，杜伏威派辅公祏去见下邳的义军首领，对他说："大家都是不能忍受隋的统治才造反的，可我们力量分散容易被敌人各个击破，大家只有联合在一起，才能够对付隋朝的官军。杜将军说，只要你有能耐我们就愿服从你，若你没有能耐，就得听我们杜将军的指挥，否则两家就只好在战场上决一雌雄了。"下邳的义军不敢与杜伏威较量，只好归到杜伏威的麾下。另一支义军的首领赵破阵见杜伏威的队伍不及自己强，反过来又想兼并杜伏威他们。杜伏威亲自领了十个随从，带了几坛好酒前去拜见。赵破阵见了大喜，把寨子里的大小头领都召集起来和杜伏威聚饮。杜伏威乘大家不备，在酒席上宰了赵破阵，如此一来反而兼并了赵破阵的队伍。那时候的农民军相互兼并经常如此。

杜伏威领导的江淮义军日益壮大，隋炀帝派将军陈棱前去镇压。陈棱不敢与江淮军交锋，杜伏威派人送了件老妇人的衣服给陈棱，另外附了封信，称呼他为陈姥姥。陈棱经此一激果然出阵，杜伏威亲自出马迎战，不料额上中了敌人一箭。杜伏威在阵上大骂，发誓不杀射箭的人决不拔出此箭。看到血流满面的杜伏威杀入阵来，隋军不寒而栗，杜伏威一阵冲杀把陈棱的部队打得落花流水。杜伏威不但勇猛也善于统御士卒，他手下有支五千人的敢死队号为"上募"，杜伏威对他们很优待，但是打完仗只要发现谁的背后有伤就立刻处死，因为这说明他曾想临阵脱逃。杜伏威不贪财，打仗获得财富全都分给大家；如果将士战死，他会下令将死者的妻妾杀了给他们殉葬，以此激励战士勇往直前。这种做法在今天看来简直不可思议，但相信灵魂不死的兵士大概会觉得，这样一来即便死了也不会成孤魂野鬼。

宇文化及发动兵变，任命杜伏威当太守，杜伏威不肯接受。后来他给隋炀帝的孙子杨侗写效忠信，洛阳的那个小皇帝封他为东南道大总管、楚王。

河北起义军的首领窦建德可谓隋末大起义中真正的农民领袖。窦建德虽躬耕陇亩，但仍竭力帮助贫苦同乡，因此受到了左邻右舍的敬重。窦建德后来当过里长，因犯法而逃亡，等朝廷大赦他才得以回家。这时他的父亲死了，前来送葬的有千余人。隋炀帝招募勇敢的农民，当征伐高句丽的军队小头目，窦建德被选为二百人长。那年黄河大水冲毁了许多人家，窦建德的同乡孙安祖不仅家产毁了，连妻子也在水灾中丧生。官府令孙安祖入伍当兵，孙向县令表示不能从命，县令将他痛打了一顿，孙一怒之下就将县令杀了。孙安祖投奔窦建德，建德帮他逃跑，并劝他到高鸡泊去聚集人马等候时机。窦建德认为大灾之后，隋炀帝仍穷兵黩武发动如此大规模的战争，无疑是在自取灭亡。他告诫孙安祖不要只做打家劫舍的绿林好汉，大丈夫不死就要立大功名。在落草为寇的底层人民中，窦建德是个有政治远见的人，不过如果不是时势所迫，像他那样不愁温饱的农民，是不会走上谋反道路的。后来高士达、孙安祖等人在高鸡泊拉起了队伍，起义军经常出寨抢劫，唯独不骚扰窦建德的村子，官府怀疑窦家和义军结交，把他家人不论男女老少全都杀了。窦建德听到消息，领了手下二百余人也去投奔起义军。高鸡泊的头领自知智略不如窦建德，便把军权交给了他。高士达战死，窦建德就坐了第一把交椅。

那时候的农民起义军,俘虏到隋朝的官吏或读书人,通常都要处死,窦建德却下令优待这些官吏文人。有了这条政策,前来投降的隋朝官吏越来越多,窦建德的力量发展到了十余万人。大业十三年(617)窦建德自称长乐王。当窦建德攻打河间郡的时候,隋炀帝在江都被杀,河间郡丞王琮为隋炀帝发丧,窦建德也派人去吊唁。王琮在和义军交战时杀过许多义军将士,窦建德接受王琮投降,义军中很多人想不通。窦建德对他们说:"如果还在小山寨称王,或许可以随意杀人。但要想安定天下,怎么能杀害像王琮这样的忠臣?"在封建社会,皇帝是国家的象征,"反贪官不反皇帝"的观念,在农民造反者的意识中根深蒂固,杜伏威不也曾拒绝过,谋害隋炀帝的宇文化及封给他的官。后来宇文化及被李密等人打败逃到山东,窦建德与其交战,打的便是为隋炀帝昭雪的旗号。宇文化及打不过窦建德退守聊城,窦建德攻城时撞车、抛石机全都用上,这些在当时可谓先进武器。攻克聊城后,窦建德先去拜见隋炀帝的妻子萧皇后,和皇后说话时仍然自称为臣。然后窦建德又将宇文化及等参加谋反的隋朝官吏全都处死,只留了几个素有声望或有本事的人在身边做官,其中就有工程技术专家何稠和书法家欧阳询,至于其余的官吏、卫士和宫女全都被遣散回家。萧皇后后来也被窦建德送到已嫁至突厥的隋朝公主那儿。直到杨侗被王世充废黜,农民窦建德才心安理得地称起"大建天子",国号大夏。

毕竟是农民出身，窦建德一生都很俭朴，不吃细粮不吃肉，连他的妻子也没有一件考究的衣装。虽然隋末大起义群雄并立，四十八家烟尘烽火连天，但在当时的农民起义者中，窦建德是最具政治眼光的领袖人物，唯有他能和隋朝的军阀、贵族争夺天下。

2. 民间传唱《桃李章》

"桃李子,皇后绕扬州,宛转花园里,勿浪语,谁道许。"这是一首隋炀帝大业年间流传甚广的民谣,据说这首民谣暗示了某个姓李的逃亡者,将会夺取隋朝的天下。然而这个"桃李子"究竟是谁,天机不可泄露,大概只有到他出现才能知道。

隋炀帝对李姓夺权的谣言好像也很相信,方士安某建议隋炀帝将天下姓李的全都杀尽,幸好隋炀帝没有听他的话,只杀了李浑一家,认为他就是要取代隋朝江山的"桃李子"。但过了两年,又有个叫李玄英的人找到瓦岗寨,告诉李密说,桃李子就是你李密。据李玄英的说法,"勿浪语,谁道许"就是秘密的意思,"密"正是李密的名字,"皇与后"都是君的意思,"宛转花园里"是说隋炀帝逗留扬州不再归来。可是李玄英找到的也不是真正的"桃李子",那个最后取代隋朝皇帝的"桃李子",直到隋炀帝死后才在长安露出了峥嵘,他就是唐朝的创立者李渊,历史上称为唐高祖。

宇文泰建立西魏时,李渊的祖父李虎为八柱国之一,即宇文泰军事集团最高层人物。北周建立,李虎已经去世,宇文家追封李虎为唐国公。隋朝时李家保留了这个爵位，这就是后来大唐国名的由来。至今海外华人聚居地乃称唐人街，其根源也应追溯于此。

和李虎同为八柱国的另一显要人物，便是前面已经提到过的独孤信。这位匈奴老将共生七女，真像是仙女下凡，大女儿嫁给宇文家，做了北周明帝的皇后；最小的嫁给杨坚，后来被立为隋朝皇后；中间的老四嫁给了李虎的儿子李昞，虽然她自己没有当上皇后，但却生了个当开国皇帝的儿子——唐高祖李渊。独孤家的三个闺女就好像一根链条，把这三个封建王朝的历史串联在一起。

唐朝皇室虽在立国前早已是显赫的贵族之家，可是唐朝人受魏晋以来士族门阀制度的影响，对于出身门第仍然看得极重。李渊先祖原住在河北赵郡，从李初古拔、李买得这两个先祖的名字看，就很像是鲜卑人，但唐朝人编的史书偏说他们是汉代西北名门之后。唐朝皇帝所以这样做，无非想抬高家族的身价。有趣的是李家这个数典忘祖的把戏耍了千余年，直到现代才被史学家识破。

然而假的总是假的，谎言终究会被戳穿。连皇上也要靠修改族谱来装点门面，由此可见，隋唐时代出身门第是何等的重要。隋唐豪门其实就是东汉以来世家大族的余绪，他们的祖先开始拥有庄园，继而霸占朝政，像汉末袁绍家所谓"四世三公"，最后便是实行军事割据。当然这些世家大族，不只是富与贵（有钱有势），他们也垄断文教、影响风俗、领导时尚潮流。北朝以后这个阶层虽然已经开始逐渐衰落，但百足之虫死而不僵，士族地主在隋唐仍然占据了统治地位，就连隋朝和唐朝的皇帝也挤进了这个阶层。

隋唐士族因地域出身，可分为利益不同的三大集团，它们是关陇集团、山东集团和江南集团。起家于西魏、北周的隋唐皇室自然属于关陇集团，但要想统治天下，隋唐就不能不以关陇集团为核心，团结山东和江南的士族大地主。然而士族地主不仅以地域划分，而且由于各家族历史渊源的不同，在他们中早就形成了约定俗成的等级。这就是李家为什么当了皇帝，仍然不惜造假也要攀附名门，借以抬高他们在士族集团的地位。

隋文帝夫妇对李渊这个姨外甥格外的看重，文帝时李渊做过皇帝的侍卫官，官曰"千牛备身"，意思是如同皇帝身边一柄锋利的钢刀。之所以用千牛暗喻利刃，是说这刀刃即便屠宰了一千头牛，仍然锋利依旧。后来李渊又当过刺史、太守和宫廷少监等官。李渊比隋炀帝大三岁，在这个姨表弟当皇帝的时候，李渊照样受到重用。隋炀帝征高句丽，曾派李渊到前方督运粮食。大业十一年（615），李渊又被派去镇压起义军。大业十三年（617），隋炀帝把李渊派到了一个更加重要的地方——太原，担当这一军事重镇的司令，即太原留守。历史上的太原曾经是东魏、北齐的陪都，又是和北周作战的重要据点；隋朝统一，太原还是防御突厥骑兵的要塞。在李渊到太原之前，起义军已经遍布天下。隋朝能够控制的军事据点，除西京大兴城和东都洛阳之外，就数太原最为重要。隋炀帝在去江南之前已把代王杨侑从太原调到西京，而以越王杨侗留守东都洛阳，然后再将李渊安置在太原，可见他对这位李家表哥的器重。但隋炀帝没有料到，李氏建立唐朝的事业，就是以太原作为起点。

李氏在太原起兵的经过，有两种不同的说法。

一是正史上说的，太原起兵完全是由李渊年仅十八岁的次子李世民一手策划。李渊本人平庸好色、胆小怕事，对于起兵反隋完全没有主见。据说当时晋阳（今太原）令刘文静被关进了监狱，李世民听说刘文静很有抱负，特意前去探监，两个人一起制定了一个逼迫胆小的李渊造反的计划：李世民先去结交父亲的好友，晋阳宫的主管裴寂。那时候赌博相当盛行，李家二公子每次去晋阳宫都要和这位前辈赌钱，趟趟都要输掉许多钱给裴叔叔，但他并不在乎。等裴寂从李世民那儿赢了许多钱后，李世民才告诉裴寂，想要他去策动父亲李渊造反，这时裴寂也就一口答应了下来。

李渊到太原后，常去晋阳宫喝酒。那儿是隋炀帝设在太原的行宫，不仅有美酒也有很多的美女。裴寂乘李渊喝醉酒的时候，派了几个宫女前去伺候。好色的李渊酒醒后，知道和宫女淫乱犯了大法，但裴寂却装着若无其事的样子，直等到李渊下一次又喝得醉眼朦胧时，裴寂才对他说，自己实在糊涂竟让宫女来伺候他，此事一旦败露，他俩都会遭杀身之祸；而二公子李世民对此事很是担心，他已经在暗中招兵买马，打算举兵反隋。裴寂还劝李渊说："如今四处都是强盗，若想持守小节只有束手待毙，只要高举义旗一定能够夺取天下。眼下太原城里上上下下都愿造反，就等李公你一声号令。"裴寂说完李渊的酒也早被吓醒，他想事到如今也只有听儿子的了。然而直到临起义前，李渊还在对李世民说："今日破家亡家亦由汝，化家为国亦由汝。"总之一句话，太原起兵全都是十八岁的李家二公子李世民的主张，李渊只是个窝囊废而已。

太原起兵的另一种说法，根据的是目击者温大雅亲笔记录的《大唐创业起居注》，这本书将李渊描述成一个勇敢、刚烈、足智多谋的人。李渊认为自己能到太原做官，已经是个很吉祥的征兆，因为"唐是我们的国家，派我们到这儿来，是天给我们的机会，天给的机会不去争取是要遭殃的。"太原是上古时代唐国故地，李渊的祖父已被追封为唐国公，所以他才这样说。但事实上隋朝的国公只是个空头衔，并不能真正统治他的封地，而唐国公李渊被派到唐的故地，也完全是个巧合。李渊借题发挥，证明他早就有推翻隋朝的企图。在当皇帝以后，李渊曾和隋炀帝的女婿宇文士及谈起，他们昔日一起议论隋炀帝统治不稳的事，也说明了当时王公贵族对于隋炀帝这个目空一切的君主，私下早有议论。在太原起兵前，李渊也曾做了周密的准备：他指示长子建成、三子元吉在太原以外的地方募集人马；然后又到处散布隋炀帝又要征讨高句丽的消息，借以煽动军民的不满；

最后在动手前，他又除掉了隋炀帝安插在他身边的两个副手。

大业十三年（617）七月，李渊和他的两个儿子李建成、李世民率领三万人马从太原出发，踏上了建立中国历史上最辉煌的大唐王朝的征途。常言道"伟大出之平凡"，这支披甲持戟的队伍在风沙飞扬的古驿道上行进的时候，谁也看不出他们和其他反隋的军队有什么不同。李渊父子的目标是攻打隋都大兴城，他们用不着担心东都洛阳的隋军从背后发动袭击，那里有李密的瓦岗军牵制着敌人。但尽管如此，李家军打得还是十分的费力，隋朝守将抵抗异常顽固，而在通向潼关的路上，他们又遇到了夏季暴雨阻挠而无法前进。一直等到暴雨过后的农历八月，唐军才继续前进。这时候突厥可汗也因刘文静的成功外交，支援了李渊两千匹战马和五百名军士。九月唐军到了黄河边，分一部分人马包围隋军的据点蒲州，其余的都渡过黄河。在渡河的时候他们和隋军打了一场大仗。唐军赢了这一仗后，华州的地方官把永丰粮仓献给了李渊，这时进军大兴城的道路已经打通。唐兵到长安附近时，李渊的女儿、后来的平阳公主，以及堂弟李神通前来会合。平阳公主的丈夫在太原起兵后离开长安，前去接应李渊，公主独自留在关中招募队伍。开始手下只有数百人，后来她派家仆马三宝四处联络，胡商何潘仁还有其他几个关中江湖豪杰都带了队伍前来投奔。等父亲的人马打进关中，她和李神通手底下也有了将近十万人，唐兵中称平阳公主的队伍为娘子军。

大业十三年（617）十月，唐军二十万包围大兴城，李渊亲自屯兵城东春明门。李渊下令攻城，十一月唐兵便攻下长安。李渊学刘邦，与民约法十二章，自己退到城外长乐宫下榻。七天后，李渊把隋炀帝的孙子杨侑扶上了皇位，遥尊隋炀帝为太上皇，小皇帝不过十三岁。又过了两天，也就是农历十一月甲子，李渊挑了这个黄道吉日从长乐宫搬进了长安，当起了七世纪的曹操。四个月以后，隋炀帝在扬州为叛军所杀，消息传到长安，李渊哭嚎着说："作为臣子，眼看太上皇被害不能相救，又岂敢忘了为他伤心。"伤心虽然伤心，可是两个月后小皇帝还是将皇宫让给了大丞相、唐王李渊。

李渊登基挑的黄道吉日是五月甲子，于是中国的历史又打开了一个新的纪元。这新纪元的头一年，李渊——即历史上的唐高祖，用的年号是"武德"。

武德元年也就是西历的618年，那一年东罗马的皇帝正在忙着对付波斯人的进攻，这个皇帝当然不是建造过索菲亚大教堂的查士丁尼，具有钢铁般意志的查士丁尼皇帝早在半个世纪前就已经去世。那时是八年前上位的希拉克略皇帝，也译为赫拉克利乌斯。那一年西欧的法兰克王国墨洛温王朝经过了三国分裂刚刚走上统一，墨洛温王朝最后一个强有力的统治者达戈伯特还要等十年才会上台。那一年英国正处在历史上所谓七国分立的时代，盎格鲁-撒克逊人在英伦三岛刚刚站稳脚跟。

唐朝后来统一天下，那首传唱了许久的民谣《桃李章》，好像也就揭开了神秘面纱，愚昧的小民以为，取代隋炀帝的桃李子已经找到了。但即便在武德初年，鹿死谁手也还没有答案，相信李渊就是桃李子的人恐怕也不会多。其实如果再多念几遍这首民谣，又何以不能认为，它仅仅是在叙述一个绝望的、几乎快要发疯的皇帝拄着拐杖，在扬州行宫后花园里漫无目的地行走，嘴里还在不停地喃喃自语，好像在与冥冥中的鬼神交谈的情景。创作这首民谣的也许就是那些反叛卫士中的一个，他发现了皇帝的失常，但他不敢说，或者说了也没有人相信。而当这首民谣传到民间，就成了隋朝将亡的谶言，不信请再读几遍：

桃李子，皇后绕扬州，宛转花园里，勿浪语，谁道许？

3. 逐鹿中原

唐高祖登基那年五十二岁，用儒家的说法已经过了天命之年。作为开国之君，唐高祖实在不像隋文帝那样勤于政事，甚至连皇帝的威严他也不太在乎。但与草莽英雄刘邦不同，他从小就出入宫禁，周、隋两朝皇后都是他的姨妈，对于宫中的繁文缛节他比谁都清楚。然而唐高祖更喜欢和旧日的朋友在一起无拘无束，甚至在朝堂之上他也不愿摆出一副皇帝的架子。小县令出身的刘文静就曾引用东晋王导的话劝高祖说："如果红太阳也和万物混同在一起，天下人又怎么能够仰望？"后来的儒家史官也认为这些都是唐高祖平庸之处，李世民大概很不赞成父亲的不拘小节，所以他后来成了历史上特别注意个人形象的一个皇帝。其实，唐高祖不摆皇帝老儿的架子，除了个性和阅历，也和那个动乱年代的形势有关。

唐朝刚建立时，充其量不过是个强大的地方政权。武德初年窦建德在华北建夏国，称夏王；王世充先立隋炀帝的孙子为帝，后来自己当上了天子，建了个郑国；谋杀隋炀帝的宇文化及，也是先立隋室的秦王为帝，后来明知快要灭亡，赶紧杀了秦王自己过了七个月的皇帝瘾；南方还有一个辖地北起九江南至番禺（今广州）的楚国，早在唐朝建立的前二年就已出现，楚帝林士弘也是个起义领袖；梁朝皇帝的后裔萧铣建立的梁国，差不多恢复了半个南朝；而在兰州一带，那时有称秦帝的薛举，武威有称凉帝的李轨；此外山西北部的刘武周号"定杨可汗"，陕西北部的梁师都称"解事天子"，这两人则是受突厥可汗的册封。环视九州，真不知那时天底下究竟有几人称王、几人称帝。既然帝王遍天下，许多人也就以为皇位这东西，不过是隋朝皇室丢失的一只麋鹿，大家都能来争夺，无所谓真命天子，谁赢谁就能当皇帝。像这样一种"皇帝观"，秦汉乃至魏晋恐怕都很少有。那时候的人更相信皇帝是真龙天子，并不是什么人都能当的，甚至隋文帝上台前还在忙着编造自己出生时，天上有霞气笼罩的神话，可是他儿子杨广好像就不太相信皇权神授，这实在是一种观念的进步。隋炀帝当年说要以文章与天下人竞选天子，现在果真要竞选天子了，但靠的不是文章而是天时、地利、人和。李唐王朝在这场角逐中最终取胜，说到底其实也就是在这三条上占尽了便宜。

　　隋唐尤其是唐的前期，中国正处在社会的转型期。大地主的庄园开始瓦解，个体的自耕农经济正在缓慢成长。然而从庄园上生长起来的士族集团和士族文化还很强大，而与个体农业联系在一起的庶族阶层——或称为中小地主阶级的势力却很微弱。这一时代的背景决定了天下不会长期分裂，因为作为分裂基础的庄园经济正在削弱；同时士族以外的阶层也难以夺取统一国家的皇权，因为士族仍然是全社会最有势力的阶层，士族的文化也占据统治的地位。而在士族阶层中，又以关陇士族集团势力最为强大，所以隋唐皇帝终究要由代表这个集团利益的人来当。隋文帝杨坚、唐高祖李渊都是出自关陇集团——这一背景是隋唐皇室的先天优势，也是他们战胜竞争对手所依靠的"天时"之利。

在群雄逐鹿中李唐政权的另一个有利条件，是它拥有了关中和巴蜀之地。这一地区在当时具有几方面的优势：首先，关中是西魏、北周的故地，也就是关陇士族的老家；二是关中自西魏、北周以来，长期推行均田和府兵制度，那里是农业个体经济最发达的区域，也是隋朝府兵最集中的地方；其三是关中的地理环境退能守、进能攻，在军事上比较安全，不像东部平原地区，因无天然屏障的保护，经常处在战争的戒备状态；最后，长安附近的永丰仓和李渊原来就占有的太原粮仓，在当时都有大量的仓储。位居关中的唐高祖真可谓占尽"地利"。

唐高祖能够重整山河、再度统一天下的第三个因素，是因为唐朝政权采取一手拿胡萝卜一手拿大棒、软硬兼施的灵活政策，适应了天下大乱、矛盾错综复杂的社会局面。对于一些小的起义队伍、隋朝的官吏，还有那些乡间的地主绅士，唐高祖的政策是封官许愿，或者以金银土地进行笼络。他这一手很是成功，江淮起义军的杜伏威以及南方许多割据力量，都是自动投向唐朝的。唐高祖的另一手也很成功，他对投降或者被打败的人，往往都给予宽大处理，结果这些势力原封不动地加入了唐军。唐高祖不断地扩充自己的兵力然后便举起大棒，稳准狠地打击他的主要对手。道德感召和武力打击齐头并进，这大概也就是三百年大唐王朝以"武德"为第一个年号的缘故。

起初，最有条件和李唐争夺天下的是李密，他同样也具有关陇贵族的背景，而且很早就看到关中地理位置的重要。大业九年（613）杨玄感叛变，李密已经提出进取关中的策略。李渊进军关中曾担心李密前来干涉，他故意低三下四地给李密写了封信，说老夫不过是想维护隋朝紊乱的秩序，并没有更大的个人野心，但天下总归要有人来领个头云云。说白了就是拥护你李密当皇上，日后只要你李老弟不忘本家的情分，仍给老夫当个唐国公自己也就很满足了。李渊长李密十七岁，故可以在李密面前倚老卖老。李密经李渊一番吹捧，也就不再把李氏父子进军关中的事放在心上，而李渊倒把李密当成了自己的后卫，有了这个盟友，李渊就不用担心隋朝的军队从东线向他发动进攻。

其实，李密即使不听李渊的甜言蜜语，恐怕也无法从中原战场脱身。前面有王世充，后面又来了宇文化及，李密很快就陷入敌人的两面夹击之中。再说他的瓦岗军主要成分是山东农民，自打下洛口仓后，虽然还不能说丰衣，但足食怕是绰绰有余。史书上说瓦岗军为了解决士兵的穿衣问题，曾拿粮食去和被围困在洛阳城里的王世充换取布帛，要想把一群丰衣足食的农民带到远离家乡的关中去进行军事冒险，恐怕也不是轻而易举的事。瓦岗军后来被王世充消灭，这又给唐朝日后的统一减少了阻力。

李渊东面与李密结盟，北面与突厥联谊，腾出手来一心对付西北的几股近敌。从武德元年（618）到武德三年（620），在李世民的率领下，唐兵先后消灭了甘肃东部的薛仁杲（gǎo，薛举之子）、山西北面的刘武周，解除了长安和太原的后顾之忧。但隋唐之际中国的政治中心仍然在黄河流域，据窦建德手下谋臣的分析，当时天下，唐得关西、郑（王世充）得河南、夏（窦建德）得河北，共成鼎足之势。维持这种局面大概也是王世充、窦建德二人的政治理想。但长期的分裂已经不再可能，武德三年（620）秦王李世民西出潼关，开始了与王世充、窦建德逐鹿中原的战斗。

李世民出关，首先攻打自称郑帝的王世充。前面已经说过，王世充靠镇压起义军起家，曾经打过不少的胜仗，也算是乱世英雄。他很早就占据东都洛阳，打败李密后力量也更为增强，但王世充没有家族背景，也不像李密和窦建德那样，具有个人的魅力，尤其在上层，王世充的威望很低，朝臣公开批评他说话啰嗦，不得要领。原在李密手下任骠骑将军的秦琼，李密败后归到王世充的麾下，因嫌王的气量狭窄，在与唐军作战时，他与程咬金等数名将领一起，在阵地上向王世充告辞，投奔了李世民。王世充越是没有威望,对叛变自己的人越要采取残酷的报复手段,当时洛阳凡有人投敌,王世充就将他们的家属处死。唐朝名臣杜如晦就因自己在李世民帐下,身处洛阳的弟弟被王世充杀害。

　　武德三年(620)李世民才二十二岁,但他知人善用,很有政治家的风度,对手下也能推心置腹,秦王军中已经聚集了尉迟敬德、秦叔宝、程咬金等骁将。这些人物后来经小说家的渲染,成为我国古典文学作品中典型的英雄人物。小说不是历史,讲史小说中所谓隋唐十八条好汉,有的全是子虚乌有,例如第一条好汉李元霸,在历史上的原型叫李玄霸,他是李渊的第三子,大业十年(614)便英年早逝。小说里李元霸天下无敌,

唐高祖李渊

最后被自己抛到空中的铁锤砸死，纯属无稽之谈。程咬金也是通过历史小说成为家喻户晓的英雄人物，据说他的厉害就在最初的三斧头，后来"程咬金的三斧子"成了意指虎头蛇尾的歇后语。事实上程咬金打仗用的不是斧子而是马矟（shuò），矟是长一丈八尺的长矛，因挥舞起来发出"唆唆"的声音而得名，尉迟敬德和李渊的四子李元吉用的都是这种武器。据史书说尉迟敬德耍矟的本领非常了得，他曾和齐王李元吉比武，先试躲矟，齐王刺了一身大汗也没有伤着敬德；再比试夺矟，敬德徒手接连三次从齐王手中抢过了矟，可见小说的描写也不全是凭空捏造。尉迟敬德这些开国功臣甚至在唐朝就是人们心目中的英雄，杜甫诗云：

褒公鄂公来酣战，英姿飒爽毛发动。

鄂公指的就是尉迟敬德。褒公名段志玄，他与王世充作战时被擒，两名敌将揪住他的发髻挟持过河，他纵身一跃，挣脱敌人，泅水回来，没有人敢上来追他。小说固然有虚构，史书也难免有夸张，但秦王李世民手下有不少精兵强将却是事实。

王世充不是李世民的对手，与唐兵交战失败后退守洛阳，又被唐军重兵包围。李世民在城外布置了能将五十斤石块抛出二百步远的大炮，还有能八箭齐发的弩，箭镞大得像巨斧，射程达五百步。石如雨下，密集的箭镞好像车轮在天上飞旋。王世充无奈，只好向邻近的夏王窦建德救援。窦建德听谋臣的话，认为郑亡则夏亦不能独立，决定出兵进攻唐军，以解洛阳之围。夏王的国子监祭酒凌敬主张避开唐军主力，迂回进军关中，迫使李世民撤兵，窦建德的妻子曹氏也认为是个好主意。但夏王却以为这是书生之见，妇女更不该参与意见。国子监祭酒也就是国立高等学校的长官，所以夏王称其为书生之见。夏王不肯听书生之见，自以为唐军不是自己的敌手，于是双方在虎牢关摆下阵势。武德四年（621）五月戊午日午后，唐兵乘夏军防守松懈的机会发动进攻，窦建德仓促应战，唐兵两面夹击，程咬金、秦叔宝等又杀入阵中张开唐军旗帜，夏王的将士见状军心动摇、兵溃如山，夏王也在乱战中负伤被俘。窦建德战败，王世充也只好向唐军投降。

武德四年（621）六月乙丑日，窦建德在长安被斩首。李渊赦免了王世充的死刑，但几天之后，他仍被仇人所杀。

窦建德是反隋起义中最卓越的农民领袖，王世充却是镇压农民起义的头号刽子手。窦建德最后竟与王世充结为盟友共同反唐，两人后来又一起被李世民押到了象征唐王朝最高权力的太极殿，接受唐高祖的审判——这是一出历史悲剧的尾声，但却是繁荣昌盛的唐王朝三百年好戏开场时敲响的锣鼓。

唐高祖判了窦建德死刑，可是他的部下很快就卷土重来，领头的是夏王手下将领，已经回家经营菜园子的刘黑闼。夏王被俘以后，从战场上逃出来的人回到夏的都城洺州（今河北永年），幸存的将士把宫里金银财宝全都分了，然后各自散伙回乡务农。这些人多数仍然是个体农户，钱多的也许成了有几顷田的小地主。如果不是担心遭到夏王同样的命运，他们是不会重新走上造反道路的。刘黑闼的起义是一场为夏王复仇的战争，他的人马很快就夺回了夏国失去的土地。唐高祖接连派李元吉和太子李建成亲征，直到武德六年（623）夏王余部的反抗才被平息。

武德七年（624），随着平定河北高开道、江南辅公祏的再度造反，唐朝基本上恢复了境内的秩序，重新实现了天下的统一。从大业七年（611）到武德七年的隋末大起义终于落下了帷幕。

第四章
唐太宗和贞观之治

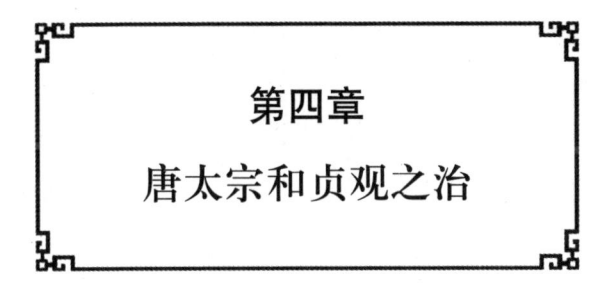

1. 玄武门之变

　　唐高祖武德年间，武将们东征西讨统一天下，朝廷的文臣也没有闲着：他们忙着修订法律、整顿纲纪，恢复和完善了前朝初具规模的各级行政机构，以及各项规章制度。唐初设计的一整套中央集权的政治体系，以中世纪的标准衡量可谓是尽善尽美，至今仍有许多西方史学家对之啧啧称羡。

　　完成这两桩文治武功的大事，若换了隋文帝杨坚来执行，一定忙得寝食不安。然而大唐的开国皇帝生性豪放、脾气随和，不像隋文帝事必躬亲。他把统帅三军、指挥军事的事，几乎全都交给了老二李世民；而政治体制改革这种头等大事，又自有裴寂、萧瑀、杨恭仁和封伦这帮人给他出谋献策。唐高祖的智囊班子，清一色都是前朝的遗老遗少，包括了南梁、南陈和前隋的几个皇族成员，这也算是兼容并蓄。有了这等用人的智谋和容人的雅量，唐高祖尽管自己庸庸碌碌，倒也从容不迫，为大唐三百年江山铺垫好了基础。

　　要论平庸，高祖在历代的开国君王中，真还算得上数一数二。高祖皇帝迷恋打猎，即使将士们在前线浴血奋战，年过半百的皇上也不曾放弃到长安附近的猎场放鹰逐犬，大概也算在模拟群雄逐鹿的场面。李渊对狩猎的爱好源于身上的胡族血统，早在年轻时他已经是个闻名遐迩的神箭手。高明的箭术，甚至还给他的政治前途带来过不少的实惠。

正史上说李渊的原配夫人窦氏也是出之豪门望族，窦家在周隋两朝举足轻重。窦夫人的母亲是北周武帝的妹妹襄阳长公主，窦夫人生下来时就很奇特，头发直长到了头颈下面，等到三岁已经和身体长得一般长。小姑娘出奇的可爱，很讨皇帝舅舅的喜欢，周武帝将她养在宫中舍不得放她回家。武帝为了与突厥可汗结盟娶突厥公主为妻，可是他对公主并无好感。没想到小小年纪的外甥女居然劝舅舅说，对付北齐和江南的敌人不能没有突厥的支持，为了苍生你还是多忍着性子，善待突厥公主才是。

这种鹦鹉学舌的话，在儿童中其实也不算稀奇，但古往今来做长辈的，却往往喜欢把它当作子女天分特别的证据，窦夫人的父母也不例外。这么个聪明美貌的女儿，又有个做皇帝的舅舅，自然不肯轻易嫁人。后来父亲窦毅想出了一个主意，他让人在屏风上画了两只孔雀，然后给每个求婚的青年两支箭，凡能射中孔雀眼睛的，便可娶他女儿为妻。相继来了十几个青年都没有射中，最后李渊双箭中的。

窦夫人不只是国色天香，而且还特别贤惠。爱打猎的李渊府上养了不少良种的马和鹰，夫人劝他把它们献给有同样爱好的隋炀帝。李渊不舍得，后来果然得罪了皇帝。唐朝建立前窦夫人就已去世，她给李渊留下了四子一女，也留给了他那个忠告。李渊以后就因经常送良马猛鹰拍隋炀帝的马屁，重新取得了这个姨表弟的好感。

　　唐高祖不仅热衷于狩猎，也非常好色。宋朝的司马光说他"晚年多内宠，小王且二十人"。"且"是近的意思。《资治通鉴》上统计高祖做皇帝后，所生皇子多至十七人，他们分别为十六个妃子所生，但唐高祖没有再立过一个皇后。从史书上看，唐高祖对窦氏所生的三个儿子，似乎一直都很宠爱。但这个年近耳顺的皇帝，因自己忙于风流，非但没有精力管束三个业已成年的儿子，反而把他们卷进了自己的私生活。三个皇子为了巩固他们在皇宫中的地位，争相讨好父亲的那些年轻妃子。于是，隋朝已经发生过的皇族内讧，这时又在唐都长安重新上演。

　　武德九年（626）六月初三，秦王李世民匆匆赶到皇宫去见高祖，向他告发了一桩惊人的阴谋。据

唐太宗李世民

很可能由李世民指使编撰的史书记载，那天秦王向高祖揭发太子李建成、齐王李元吉和后宫嫔妃淫乱。另外，李世民还对皇上说，太子和齐王一直在设法暗杀他，说自己对俩人丝毫没有对不住的地方，他们是想为王世充、窦建德报仇。高祖答应次日将亲自调查此事。第二天，也就是六月初四，李世民带着妻舅长孙无忌还有尉迟敬德等人，早早埋伏在了宫城北面的玄武门，静候太子和齐王自己走入他设下的陷阱。玄武门是通向内宫的大门，所以皇子入宫见皇帝或皇后非经此门不可。

我国古代的皇宫大都坐北朝南，位于都城的北面。皇宫南面是皇城，也就是百官议政的地方；皇宫的北面是宫城，也就是宫殿所在。皇城的南门叫朱雀门，宫城的北门叫玄武门，这些名字和我国古代的天文分区有关。原来古人把天球分成四象，东象青龙、西象白虎、南象朱雀（也就是孔雀）、北象玄武。玄武为一种怪兽，有人说是蛇与龟的合体。内宫的北大门，因此称为玄武门。

建成和元吉走到半路发现情况不妙，掉转头来就往回跑，李世民赶忙跟在后面呼喊，元吉便想拉弓射世民，大概过于紧张，连拉三次也没有把弓拉开，这时候世民已将太子射杀。尉迟敬德率领七十骑兵随后朝元吉射箭，把他从马上射了下来。李世民的马受惊奔入林中为树枝绊倒，元吉乘势冲上前来，夺取世民手中的弓，想用弦将世民勒死。尉迟敬德大声阻止，元吉又向武德殿方向逃跑，敬德便从背后将他射死。

唐高祖因弓法而娶窦氏，哪里曾想到自己的两个儿子都死在弓下，况且还是骨肉相残。三个儿子相互残杀的时候，高祖正在宫中的海池泛舟，尉迟手持盾矛来见皇上，高祖慌忙问是谁作乱？你来干什么？其实，这时他早就

初唐名将尉迟敬德

明白一出已经上演了许多遍的宫廷悲剧，又在他的眼前重演。接下来便是李世民和李渊父子的见面，父亲用手抚摸儿子的头，儿子跪在父亲的脚下嚎啕大哭，此时此地此景除嚎啕之外一切已经多余。但嚎啕之后，建成和元吉的儿子共十人全都被诛杀。武德九年（626）六月十六，也就是玄武门之变后半个月，唐高祖写信给太原起兵的老友裴寂，表示他将退位当太上皇。八月甲子，又是一个黄道吉日，李世民经过一番推让之后，登基当上皇帝。李世民可谓中国历史上大名鼎鼎的贤君明主，以后一千年东方帝王的楷模——唐太宗。

　　唐太宗靠兵变当了皇帝，为了不让后人知道真相，贞观年间的史学家，在文献上做了不少的手脚。不要以为被歪曲的事实总能恢复，唐初的历史经李世民君臣的篡改，后世的研究者就很难再让它水落石出。但是谎言编造得再好，也难免要留下破绽，史书上说李建成曲事后宫，其实李世民在外打仗得到的战利品多，用来收买后宫宠妾的金宝也更多。正史上夸奖唐太

宗的皇后长孙氏贤惠，有一条就是说她善于在高祖皇帝的宠妾中周旋。另外，说李世民在太子府的酒宴上中毒，回宫后吐血数升，说李建成和李元吉与后宫淫乱，恐怕都是污蔑之辞，但是武德年间李世民的战功大于两个兄弟也是事实。不过古代人考虑政权的稳定，定了一条太子不宜远征的规矩；再说齐王虽然武艺比太宗高，但在他失守太原后就没有再独自领兵，这些都在客观上成全了秦王李世民。

2. 贤明君主

不要因为唐太宗发动玄武门之变，残杀兄弟逼迫父亲禅位，我们就否定他是古代一位杰出的君主。唐太宗统治的二十三年，因政治清明、社会安定，得到后人一再的称誉。太宗所用的年号为贞观，后来贞观之治便成了封建统治臻于完美的象征。

在封建史家的笔下，贞观四年（630）已经是天下大治：旧史上说，那一年粮食丰收，逃亡在外的人都回到家乡，一斗米只卖三四钱；全国判处死刑的只有二十九人；东到大海，南至五岭都夜不闭户，出门的人不用自带粮食，沿路都有供给。还有的书说，走在野外也没有强盗，满山遍野都是马牛，一进山东就会得到优厚的款待，临行时还会得到主人的赠予。这种景象是自古以来所没有的。

经隋末十五年的大动乱，到唐初武德年间，国力之衰落、社会生产力之破坏都已经达到了惊人的程度。武德年间人口大概只有隋朝的百分之二十，贞观之初也还不到三百万户，甚至到太宗死后的永徽三年（652），全国户口也只有三百八十万。这些数字和五十年前，即隋炀帝大业五年（609）天下户口八百九十万相比，还不及一半。

前面说过，隋炀帝就是凭借拥有九百万农户的实力呼风唤雨。我们不妨认为，国家控制的户籍一定程度上反映了封建国家的综合实力。唐初国力和隋朝不在一个等级水平，武德年间有个西域人到长安，说沿途一片凋零景象与隋朝之繁华相去甚远。

唐太宗就是在这种历史背景下上台，刚即位又遇到了关中大灾，第二年即发生了大面积的蝗灾，贞观三年（629）则又是发大水。史书上对贞观四年（630）的丰收尽管有夸张，但贞观年间社会趋于安定也是事实。

唐太宗和他身边的大臣交流时经常引用荀子的话，说"君主好比是舟，人民好比是水，水能够载舟，也能够覆舟。"隋朝的动乱刚刚过去，统治者已经领教了千万农民的力量，前朝的兴亡无不因为"水"的推动。唐太宗从隋的兴亡中吸取教训，认为民是国家的根本，人民要活着首先得有饭吃，如果没有粮食老百姓就不再属于国家。

有一回唐太宗想造一座宫殿，木材已经备齐，突然想到了秦始皇，便决定放弃工程。太宗就这件事对左右说"崇饰宫宇帝王之所欲，百姓之所不欲，己所不欲勿施于人"，还说"以欲从人者昌，以人乐己者亡。"国家不能不兴徭役，但唐太宗知道徭役要有限度，使民也得惜民。唐太宗爱惜民力是因为他懂得，统治阶级不能为了眼前利益而损害长远利益。太宗说，有个西域商人为了走私，把自己的身体割开，将珠宝藏了起来。如果当皇帝的为了奢侈贪欲而亡国，就像那个胡商一样可笑。太宗还对大臣说："我终日忙碌不只是担忧同情百姓，也是想让你们长守富贵。"

史书上说唐太宗十五岁时就开始了戎马生涯，到他登位那年也不过二十七岁。在将近十二年的军旅生活中，年轻的将军学会了尊重比自己更有经验的部下，残酷的战争也让他体验到爱惜士兵在群雄逐鹿中的重要。虽然同是贵族出身，隋炀帝就没有过唐太宗那样的生活体验。太宗酷爱骑射显然受父亲的影响，但温良恭俭让的母亲窦氏，给他的印象或许更为深刻。太宗对书法的热爱，大约就是得之母亲的遗传。据说从小在宫中长大的窦夫人笔迹酷似丈夫李渊，如果不下苦功大概很难做到这点。生长在贵族家庭，接受了良好的教育，以及对于文化的仰慕，使唐太宗在当皇帝之前，就已将一大帮有才学的文人团结在了自己的身边，建立了所谓的文学馆。唐太宗的治国方略与他本人富有个性的政治气质相关，和周围这批经历过隋朝盛衰、有着忧患意识的士大夫也是分不开的。

贞观初年，太宗身边最主要的谋士是房玄龄和杜如晦，其实在玄武门之变中，他们就发挥了重要的作用。据说房玄龄善于谋划，而杜如晦长于决断，"房谋杜断"后来就成了办事公正、行政有效的同义词。魏征后世的名气比房、杜更加响亮，但事实上魏征很少负责实际的行政或参与决策，他只是担任谏官，负责对皇帝和朝政提出批评。他的后世声誉，是因为他的刚直清廉。

玄武门之变那年，房玄龄已经四十七岁，魏征四十六岁，杜如晦也有四十一岁，他们比唐太宗大了十五到二十岁。

少年时候就丧母的太宗，纵使在身经百战以后，每想到母亲还会潸然泪下，并不顾及所在的场合。这种外倾型的强烈情结反映了他性格的另一侧面，像这种性格的人往往更愿意和年长的人相处，也更愿意接受他人的指导。皇上以十分谦恭的态度对待这些年长的幕僚，和他当时的年龄与性格也十分吻合。贞观初年朝廷和谐，与君臣的年龄匹配也是分不开的。

唐太宗很注重生前身后的形象。他曾经问身边的史官兼书法家褚遂良："你记了我哪些事情，能不能给我看看？"遂良说："史官记录皇帝每天的一言一行，记下今天的善与恶，为的是告诫后人，一个守法的君主是不该看史官记录的。"太宗问他："我做的坏事你都记了吗？"褚遂良说："作为史官理应竭尽责守。"大臣刘洎在一旁说："遂良不记，天下记之。"

为了在历史上留下一个贤明君主的形象，重视历史的太宗经常制造一些戏剧性的场面。史书上说，贞观二年（628）长安地区发生蝗灾，太宗在御花园看见几只蝗虫，便抓了来咒骂说："粮食是老百姓的命根子，你们吃粮食还不如吃掉我的肺肠！"说着就要将虫子放入口中。左右的臣子劝他说，吃不干净的东西会生病的。太宗慷慨地说："朕为民受灾，何疾之避。"

说完真的将那两枚虫子吞了下去。据说如此一来，那年的蝗虫也就未闹成灾害。

像这样的政治小品，太宗在魏征面前演过不止一次。有一回，太宗在宫中很有兴致地看一只漂亮的鹞鹰站在自己手臂上，魏征忽然进来，太宗怕老臣说他玩物丧志，赶紧将那宠物纳入怀中。魏征说话时间久了，鹞鹰竟憋死在太宗怀里。这类史料文艺家们不需加工就可直接拿来入戏。

贞观初年，唐太宗和左右群臣尚能清醒看到，刚刚经历过战乱，老百姓都害怕国家重新陷入混乱，所以朝廷坚持偃武修文。后来局势渐渐好转，保持清醒头脑的人越来越少，谏议大夫魏征就是少数始终清醒看待局势的人。

隋朝末年天下动乱，魏征因找不到出路，只好去当道士，又先后投奔在李密和窦建德手下。夏王窦建德战败后，魏征依附到太子李建成的宫中，起初只是个小侍从，官名叫"洗马"，人微言轻，但局势却看得很清楚。魏征劝李建成防备秦王李世民，但没有受到重视。玄武门之变后李世民召见他，问他为什么要在他们兄弟之间搬弄是非。魏征坦然地说："如果太子听我的话，也就不会有现在的下场。"唐太宗非但没有发怒，反而任命他为言官，即专给朝廷挑刺的谏议大夫。

魏征犯颜直谏、胆识过人，但他敢说真话，也离不开唐太宗对他的宽容。有人诬告魏征包庇亲属，后来真相虽已查明，太宗仍劝魏征远避嫌疑。魏征则说，人人都谨小慎微，国家就

081

难以兴旺,自己愿意做良臣而不做忠臣。太宗问他忠良有何区别,魏征说:"良臣不仅自己声名卓著,君主也饮誉四海,连他们子孙也传承不衰。忠臣面折廷争,触犯天子遭杀身之祸,君主也落了个昏君的坏名声,最后还要国破家亡,只留下忠诚的空名。"

古代大臣即便像魏征,和皇帝说话也很讲究技巧。魏征说自己要做良臣,其实是暗示皇上不要做昏君,你看他说得多么婉转、多么巧妙。但等到贞观十二年(638)魏征做良臣的信心似乎已开始动摇,他对太宗说:"贞观初年,皇上劝导左右进谏;三年以后见有人进谏,仍然悦而从之;近两三年只是勉强纳谏而已。"太宗听了很不服气,魏征仍然举了许多例子说服皇上。

勇于劝谏的一代名臣魏征

第二年,魏征又写了他那篇流传千古的《十渐不克终疏》,数落唐太宗不像贞观初年那样清心寡欲,也不像往日那样爱护百姓。徭役越来越重,溜须拍马的人越来越多,上上下下都用奇珍异宝讨好皇帝。皇帝用人也常以好恶取舍,对大臣不像从前那样和颜悦色,对周边的民族动不动就喜欢炫耀武力。总之,魏征觉得太宗变了。太宗读了这份言辞激烈的奏书谦和地说:"今闻过矣,愿改之,否则怕没有颜面再和你相见。"那年已是五十八岁的魏征,大概已经没有信心再说愿做良臣不做忠臣的话，他谢绝了皇上让他做宰相的任命。魏征死于贞观十七年（643）。老臣弥留之际，皇上带着太子、公主到他病榻前看望，并许下了衡山公主和魏征儿子的婚事。

魏征死后，太宗要用一品官的礼仪为他送葬，魏夫人以不符合死者生前遗愿为由予以回绝。葬礼过后，太宗又当着满朝大臣说："人以铜为镜，可以正衣冠；以古为镜，可以见兴替；以人为镜，可以知得失。魏征没，朕亡一镜矣。"太宗从魏征家里得到一份写到一半的遗稿，上面说："人有善恶，任用善人国家安宁，启用恶人，国家凋弊。对于憎恨的人，往往只见其恶；对喜爱的人，往往只见其善。爱憎之间应该谨慎，要看到所爱者的不足，所恨者的长处。然而对邪恶的人，应该毫不迟疑地除掉；对忠良的人，就不可猜疑他的忠诚。大概这样就可以兴旺。"

太宗上朝时把魏征的遗言念给大臣们听，还让众人把这些话写在笏板上每天捧读。但魏征死后不久，讲他坏话的人渐渐多了起来，有人说他培植死党，也有人说他把奏折交给史官，企图青史留名。太宗听多了有关魏征的坏话，压抑了多年对魏征的不满终于爆发出来，他废除了亲口答应的与魏府婚事，又砸毁了自己亲笔题写的魏征墓碑。魏征九泉有知，真不知他会说自己是忠臣还是良臣？

3. 财富 = 土地 + 农民

这个公式，是反映封建国家社会经济的第一定律。当然社会科学不能像自然科学那样，完全用精确的数学公式来描述，但封建社会的主要财富确实是农民在土地上生产出来的。"土地+农民"的最理想模式，大概就是陶渊明乌托邦型的桃花源，那里的农民拥有土地，但不需服劳役，也无需交纳租税。而最可怕的恐怕是西晋那样的流民起义，千百万农民因为饥饿而背井离乡，盲目地四处逃亡：陕西农民逃荒到四川，四川农民因饥饿又逃亡到湖北……整个社会陷入了一片混乱之中，这大概是农民和土地分离的最可悲的例子。农民无法像桃花源中人那样，摆脱地主和封建国家的剥削，而封建社会的稳定则必须将农民固定在土地上。只要实现了"土地+农民"这一定律，封建统治阶级就有了维持他们富裕生活的财富。封建社会财富的分配，其实也就是对土地及农业劳动力的分配。而对农民来说，或者是拥有自己的土地，直接为官府控制；或者没有土地，而接受大小地主的剥削。

隋末大起义，一方面打击了各地的士族大地主，另一方面过去由朝廷控制的农户，也因战乱而大为减少。我们不能清楚地说出，人口的减少其中有多少是由于死亡或出生率下降造成，有多少是因为逃亡或被故意隐匿所致，但将近九百万农户忽然跌至不到二百万，以上情况一定同时存在。战争的破坏和农业人口的减少，导致了大量土地的荒芜。这些无主的荒芜土地，自然首先控制在官府手中。于是在唐高祖入关中那年，就已经把渭水边上最好的所谓"膏腴之地"分给了追随他起兵的六万军士。等到武德七年（624），也就是统一天下的战争基本结束之后，朝廷又进一步推行均田令，让更多的农户成为朝廷的纳税人和兵源。

奠定了唐朝初期富强基础的均田制，规定田地按农户的男劳力分派，而过去北朝和隋代的均田，则是以一夫一妻为受田的基本单位，称为一室或一床。唐代妇女不受田也不承担徭役，交纳赋税，表面上看是男女的不平等，但像隋代开运河那样役使妇女，显然更加不利于农户的安居乐业。

唐朝分配田地的具体方法是：年龄21至59岁为丁男，可分得田100亩，其中20亩为永业田，80亩为口分田；年满60以后由官府收回50亩，身后再收回剩余的30亩口分田，20亩的永业田子孙则可保留。此外，残疾人、丧偶的妇女也可分得40亩口分田，出家人可分30亩口分田，从事手工业或商业的口分田和永业田都减半分配。官府分给了田地，农民不能任其荒芜，若弃田不种就要受笞刑，弃10亩者笞30，20亩者笞

40、30亩者笞50，40亩者笞60，50亩者笞70……官府规定永业田要种桑50株，榆、枣各10株，不适宜栽种以上树木的地方，可根据当地情况改种其他果木。植树的任务没有完成的，负责管理百户农民的里长罚笞40大板。唐朝的永业田虽然可传子孙，但一般情况下不允许买卖，甚至也不许出租或抵押。

事实上，均田令在执行的过程中还有许多具体的问题。例如，各地农村田地多少有很大的差距，人少田多的称宽乡，受田往往较充分，少数地区因为田多实行轮作，甚至可受二三倍的田；但更多的是田少人多的"狭乡"，那里的受田只有规定的一半。有的地方只能分到30亩田，甚至分10亩、5亩的也不在少数。地方官每年都要对户籍进行检查，并按规定收授田地。古代没有照片为依凭，所以查户口只好以年龄相貌特征为依据，隋炀帝时大规模的人口统计称"大索貌阅"，唐代则称之为"团貌"。

朝廷不只把土地分给农民，还要把相当多的土地分配给统治阶级的各个阶层，让他们直接从农民那里获取财富。唐代的官吏以及其他的特权阶层，都可从官府分得永业田：亲王得田百顷，一品大臣60顷，最小的九品芝麻官也有2顷。除了按品级赐给的田地，在唐王朝创立时期，高祖还以军功大小赐给亲信大臣大量的田地。如高祖的好友裴寂，一次就得了1000顷的良田；武则天的父亲因为高祖反隋时曾出过力，朝廷赐他良田300顷。朝廷给官吏的永业田，不仅可传子孙，也可出卖或抵押，甚至儿孙犯法也不予充公。此外各级官吏在任期还拥有所谓职分田，从 2 顷到 12 顷不等，等离任后职分田是要上交的。职分田相当于政府付给官吏的薪俸。

官阶／爵位	田顷数
亲王	100
正一品	60
从一品及郡王	50
正二品及国公	40
从二品及郡公	35
正三品及县公	25
从三品	20
正四品及侯	14
从四品及伯	10
正五品及子	8
从五品及男	5
六、七品	2.5
八、九品	2

官僚地主分到的田地都享受免税的特权：皇亲国戚，五品以上的官甚至连祖父、父亲和兄弟家也都可以免税。此外，进公立学校读书的学生，或者义夫、节妇、孝子的家人也都可以

免税。在官僚大地主的田地上耕种的农户，则不需向官府完粮纳税，只接受地主的剥削。

贞观六年（632），唐太宗让大臣编订全国士族的谱系。这样做目的大概是想以皇家的规范，提高朝廷在士族中的发言权。但太宗没想到《氏族志》编好后，排在首位的居然是山东的望族崔民干一家，而当今的皇族竟被放到了第三位。编谱的人并非吃了豹子胆，他们反映的只是上层社会的一种普遍的认知。后来唐太宗亲自干预，才把李家摆在了第一位，太宗的外婆家放在了第二位，山东崔家屈居第三。除了崔家，山东还有卢家、郑家、李家，这四家是当时所谓的天下四大姓，即便做了王公贵族，也都想与四家联姻，连太宗身边最有名的大臣房玄龄、魏征和李勣三人也未能免。士族的力量既然还很庞大，和他们坐一条船的皇帝就必须学会妥协，否则的话即便波澜不兴，船也是要翻的。

农民有了田能够过上安稳的日子，朝廷推行了均田制，就有了向农民征税征兵的基础。唐朝的税制兵制仍然沿用前朝的租庸调制和府兵制，但具体做法与过去有所不同。

唐代的租庸调制规定，每户男丁需交二石粟，称之为租；二丈绢，以及三两丝絮，称为调。丁男每年还要服二十天劳役，若没有劳役则以纳绢替代，称之为庸。每一劳动日合绢三尺，未服役的时候，男丁交绢总共为六丈。如果规定之外再增加劳役十五天则可免交"调"，增加三十天，租、调全免。唐朝初期，农民的负担比隋朝有所减轻，特别是可以用绢代替徭役，使农民有了更多时间从事农业生产，这是农民所愿意的。另外，唐朝租庸调制还规定：按灾情减免赋税，受损40%免租，受损60%免租、调，受损70%全免，假如当年已经交纳，则次年可免交。唐初的赋役确实比前朝轻，这在一定程度上保护了农民的生产积极性。

推行均田制的另一结果，就是在其基础上建立了府兵制。府兵从受田农民中选拔而来，选兵当时称之为"拣点"，每三年举行一次，每六户经济中等以上、家有三名男丁的选一人当府兵。选拔时如果两人的家庭财产相当，选身体强健的；如身体同样强健，选家庭财产多的；如家庭经济和本人素质都相当，则选家中男劳力多的当兵。选中的府兵从二十一岁入伍，到六十岁退役，本人可不交租庸调。按规定，府兵有三分之二时间在家务农，三分之一时间练习武艺，或到京城担当警卫，但事实上府兵用于军务的时间并不止这些。

府兵的行装、粮食、武器都需自备，按规定每个府兵随身携带麦饭九斗、米二斗，每人还需备弓一把、箭三十支、横刀一柄，此外还要带磨刀石、氈帽、氈装、绑腿布之类。如果被选为骑兵，官府给二万五千钱，由自己购买马匹。可见《木兰辞》所描写的"东市买骏马，西市买鞍鞯"亦有史实根据。

府兵的编制以十人为一"火"，有火长。每火需自备驮马或骡子六头、帐篷一顶、铁马盂（锅）一口，以及斧、锯、筐

089

之类的生活用品和工具——原来"伙伴"就是由一起开伙做饭而来。五火为一队,二队为一旅,三旅为一团,大约四五团为一府,又称折冲府。贞观年间,折冲府总计约有六百个,其中将近一大半分布在关中及洛阳附近。朝廷把军队集中在京师附近,形成了所谓"内重外轻"的局面。这种军事布局有利于唐朝前期政权的巩固和中央集权的加强,这也和当时府兵主要来源于关中、河东地区有关。

唐朝的折冲府主要设在关中,因为那里的均田制实行得比较彻底。山东地区田地大都控制在地主手中,个体农民相对较少,再说华东和江南也是唐初主要的粮食产地,服兵役的人多了会影响农业生产,这也是东部地区折冲府较少的缘故。每一折冲府的兵士约在八百到一千二之间,以此算来唐朝的府兵总数有五十万左右,唐朝辽阔国土的防守主要就是靠这支队伍。

4. 贞观掠影

历史不论怎么写也难免挂一漏万，何况像唐朝这样万花筒般的时代，即使三百年历史刚开局的贞观年间，也有许多人和事不该割舍，而又限于篇幅不能不割舍，于是只能是浮光掠影。

宋朝的一部笔记上说，唐太宗曾经问一行，唐的历史能传几世？一行就做了副叶子格进呈，说二十世李也，意思是李唐可传二十代。葉是叶的繁体，上半恰好是二十世，下半又是木子李的木。叶子格就是后世的纸牌，这段材料还说明唐朝贞观年间士大夫中玩叶子格已经很普遍。印刷术是我国四大发明之一，但确切的时间还不清楚。有人根据上面有关叶子格的记载，认为印刷术始于唐太宗贞观年间，士大夫们玩的这种原始纸牌也是最早的印刷品。说叶子格是原始的纸牌，因为在纸牌发明前，骰子就已经流行了许多年。据传骰子最早是由埃及人发明的，大约在公元前就传入了我国。叶子格最初其实只是纸质化的骰子，格也就是把骰子的各种组合格式印在了纸上。贞观年间出现的叶子格到了宋代才演变成真正的中国纸牌；中国纸牌一直到十四世纪传至西方，于是才有了我们今天玩的扑克牌。

另外，还有个印刷术起于贞观的证据与和尚有关：据国清寺的碑文说，寒山、拾得写的诗曾印行于世。寒山和拾得也是贞观年间的人，国清寺的僧人印刷他们的诗集也应该是那个年代的事。寒山、拾得后来在苏州城外普明寺出家，后人就把普明寺称为寒山寺，等到张继写下"姑苏城外寒山寺"的时候，已经是贞观之后一百年的事了。

说到贞观年间的僧人可以不知道寒山，但绝不能不知道唐玄奘。玄奘俗名陈祎，洛州缑（gōu）氏（今河南偃师缑氏镇附近）人，十三岁出家。贞观元年（627），玄奘从长安出发，经凉州（今甘肃武威）、瓜州（今甘肃酒泉），出了玉门关，然后只带了一匹老马独自穿过了沙漠，到了信奉佛教的高昌国。在高昌国王的资助下翻越葱岭，经历了千辛万苦到达了天竺。玄奘在外取经十余年，于贞观十九年（645）回到长安时，已经四十五岁了。唐太宗在洛阳接见了玄奘，对他讲的西域情况很感兴趣。玄奘告诉太宗，

玄奘法师

天竺有个雄主人称戒日王，他很早就知道摩诃至那国，知道那里有个英武的秦王，甚至还听过《秦王破阵乐》。玄奘后来把所见所闻，写成一部游记《大唐西域记》，这是研究天竺历史地理的一部重要著作。书中记载了他亲历的一百一十个城邦的风土人情和山川地貌，其内容甚至为印巴本国史书所没有。玄奘是我国古代四大翻译家之一，他用了十九年的时间翻译了七十四部、一千三百三十五卷、一千三百万字的佛教经典。玄奘还创立了我国佛教的慈恩宗，它是佛教中教义最深奥的一派。玄奘只比唐太宗小一岁，但他一直活到唐高宗麟德元年（664），六十四岁时才去世。

贞观年间的佛教不仅有玄奘的慈恩宗，其他如法华宗、律宗等各宗各派也已经或正在兴起。贞观九年（635）基督教聂斯脱里派主教阿罗本到唐都长安传教，受到宰相房玄龄的迎接。贞观十二年（638）唐太宗下诏准许其在中国传教，并在义宁坊修了一座教堂。因为阿罗本来自波斯，所以称之为波斯寺，而阿罗本所传宗教则称为景教，这便是基督教传入中华的开始。祆教又称拜火教，是波斯人的国教，它主张宇宙有光明和黑暗两神相互斗争。早在北魏时祆教就已经传入中原，贞观年间长安、洛阳都有祆祠。唐武德五年（622）穆斯林的纪元才刚开始，唐朝人从波斯人那儿可以知道阿拉伯人正在崛起的消息。贞观六年（632）穆罕默德去世时，阿拉伯半岛的统一大体已经完成。

唐太宗时长安已经是个国际都市，四邻国家商人、僧侣、使节纷至沓来。贞观年间，面临阿拉伯人挑战的波斯，曾四次遣使赴长安。其中贞观十二年（638），波斯萨珊王朝的末代国王叶兹格里德三世（中国史书作伊嗣侯），曾派儿子卑路斯亲自前来，后人推测大概是向唐朝请求援兵，但因路途遥远唐太宗没有答应。贞观四年（630），日本首次派遣唐使犬上三田一行赴长安。至于林邑（今越南中南部）使节武德八年（625）就到了长安，贞观年间又数次前来朝贡。贞观四年，林邑王范头黎给太宗皇帝送的礼品中有大象、五色带，以及朝霞布，但太宗最感兴趣的是一颗透明像水晶的火珠，有鸡蛋大小，阳光下能放出数尺长的光芒，对着太阳聚光还能点燃艾草引火。后来林邑王又送了两只鹦鹉，一为五彩，一为纯白，太宗让李百药写了首《五彩鹦鹉赋》，只是那白鹦鹉很通人性，多次诉说天气太冷，太宗便把它送回越南。唐朝与林邑的鹦鹉外交今天大概只能当小说来读。

各国赠送的礼品以奇珍异宝居多，但有一件甚至直到今天还和我们平头老百姓有关，那就是贞观二十一年（647）尼婆罗王派使者送来波棱、酢菜、浑提葱。尼婆罗就是今天的尼泊尔，波棱也就是我们日常吃的菠菜——明太祖朱元璋呼之为红嘴绿鹦鹉的这种蔬菜，中国人一吃就是整整一千四五百年。其实菠菜的原产地本是在波斯，所以道教方士又叫它波斯草，说它能解酒毒，是吃丹石人的最佳食品，这则逸话眼下吃火锅的人恐怕都不知道。酢菜究竟是什么，除了说它是一种阔叶蔬菜，专家们也不知所云。浑提葱有人说是青蒜，也有人说是冬葱。总而言之，唐朝传进来的许多蔬菜，大大丰富了我们的菜谱，这种引进自太宗朝贞观年间就已经开始。

还有一个在中国历史上非常重要的人物不能不提，此人就是吐蕃的首领松赞干布。他娶唐朝文成公主为妻，后来又实现了西藏高原的统一，这几件事都发生在贞观年间，而且对后世有极大的影响。吐蕃是藏族人的祖先，近人考证吐蕃的蕃字应读 buō 音，与藏族的原始宗教——苯教相同，推测藏族人曾以宗教为族名。隋唐之际，青藏高原上除了吐蕃人以外，还有大、小羊同和苏毗等部落。苏毗是女王统治的政权。他们的房屋都建筑为高层，王的住宅九层，国人六层；苏毗大约有四万户，军队约有上万人。吐蕃原分六个部，称六牦牛部，他们生活在湖泊星连、沟渠通贯的农业区。松赞干布的父亲已经统一了吐蕃六部，征服了苏毗。贞观三年（629）松赞干布继位，贞观八年他派使者到唐朝，唐太宗也派使者去西藏。贞观十五年（641）唐太宗将文成公主嫁给了松赞干布。唐朝公主带去了蔬菜的种子、药物、精美的手工艺品，以及不少的书籍。西藏人的佛教信仰也受文成公主和另一嫁到吐蕃的尼泊尔尺尊公主的影响。松赞干布在贞观十八年（644）吞并了羊同，完成了西藏的统一。吐蕃统一西藏之后创造了三十个字母的藏文，并参照了唐历和天竺历制定了藏历。吐蕃人把麦子成熟的季节作为一年的开始，至今藏历依然如此。吐蕃的成年男子都是战士，他们

松赞干布与文成公主

作战很勇敢，每次战斗一定要等到"前队皆死，后队方进""战必下马列行而阵……，至死终不肯退"，吐蕃强盛时大约有四十六万军队。松赞干布统一西藏高原那年才满二十七岁，和唐太宗登基时的年龄相同。他是藏族历史上的杰出领袖，今天的拉萨建城，也是从他那时候开始的。

　　贞观年间，唐朝和周边的民族或国家，大多保持了和睦的关系，但也发生过不少的冲突，打过不少仗。隋朝因三次对高句丽战争失败灭亡，而高句丽也在战争中蒙受了很大损失。唐朝建立以后，两国在一段时期里保持着相当友好的关系，我国的道教就是在唐初传至高句丽。贞观十二年（642），高句丽发生了大臣谋杀国王的变乱，不久朝鲜半岛上的三国也出现了紧张局势，高句丽与百济联合进攻新罗。贞观十九年（645），应新罗王的请求唐太宗发动对高句丽的战争。唐军在五月初出发，到九月因天寒地冻无功而返。贞观二十一年（647）初，太宗第二次进攻高句丽，仍然遭到失败。贞观二十二年（648）六月，唐太宗宣布将于次年，发动三十万大军，彻底粉碎高句丽。为了做战争准备，太宗下令在四川等地建造庞大的舰队，房玄龄临终时苦苦相劝，也没有能改变他的决定。贞观二十三年（649）五月，唐太宗因患痢疾在终南山翠微宫去世，至此唐朝放弃了对高句丽的战争。

　　太宗皇帝生前的另一件憾事，是他没有为自己选择一个可以放心的继承人。继承太宗皇位的是他的第九子晋王李治，也就是历史上的唐高宗。太宗虽然没像他父亲生了那么多的子女，但也有十四个皇子和二十一个公主，其中皇后长孙氏所生为三子一女，储君按理应该从这三个人中产生。太宗先立长子承乾，他因患病而跛足，不过人很聪明，成年后已经能帮助太宗治理朝政。但太子承乾很崇尚突厥的生活方式，能讲突厥语，连他的仆从也穿突厥服装，这种越轨的行为使太宗很不放心。太宗最宠爱四子李泰，据说他秉承了父亲的许多优秀品质，太宗甚至允许李泰建立类似自己当秦王时的那种文学馆。结果一场争夺继承权的斗争，又开始在贤明君主唐太宗的身边上演：太宗废黜了承乾，打算立李泰为太子，但宰相长孙无忌却表示反对，理由是不论承乾或李泰谁当皇帝，兄弟俩都难免相互残杀。

太宗大概不愿意看到儿子们重蹈自己的覆辙，无奈中便选择了生性懦弱而又身体孱羸的李治。他曾想改立吴王李恪——这是他和隋炀帝女儿所生，相貌很像唐太宗——但还是受到长孙无忌的反对。宰相坚持由李治继承皇位，恐怕也是为了方便自己日后掌控朝政。

第五章
唯一的女皇帝

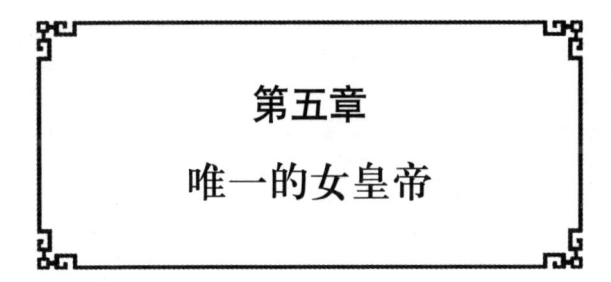

1. 高宗与武后

　　唐高宗李治登位那年只有二十二岁，在位共三十四年。虽然高宗生性懦弱、体弱多病，但有前人创下的基业，又有太宗皇帝选好的忠实大臣辅助，在他统治下的大唐，无论内政外交，居然都有可观的成就。高宗即位之初的永徽三年（652），唐朝全国的户口数为三百八十万，但他去世后的中宗神龙元年（705）一项统计表明，唐朝的人口已经达到了六百十五万六千一百四十户，也就是说半个世纪人口翻了将近一番。有史学家说："高宗在位时期，唐朝的疆域之大，唐与世界其他地区的联系之广，是成吉思汗立国前，中国历史上从未有过的。"当时世界上只有东罗马帝国和阿拉伯帝国可以与强大的唐王朝相比肩。

　　唐太宗本想在贞观二十三年（649）征服高句丽，结果直到二十年后，也就是高宗乾封三年（668）唐军才终于攻陷平壤，并把高句丽王献到太宗墓前祭奠。使隋炀帝、唐太宗惨遭失败的军事远征，在懦弱的高宗手中居然取得了辉煌成功。征服高句丽后，唐朝在平壤设立了安东都护府，后来由薛仁贵任都护。

薛仁贵就是后来被写进通俗小说的"白袍小将",史书上说唐太宗征辽东时,薛还是山西绛州的一个庄稼人,有一天他正打算给死去的父亲迁坟,从集市回来的妻子对他说:"听人说天子正在召集勇士征高句丽,夫君有超人的本事,这可是出人头地的好机会,等立下功名再给先人迁葬也不迟。"薛仁贵后来果然立了战功,得到太宗皇帝的提拔。像薛仁贵这样从农民到将军,只能是万里挑一,但想从战争中获取功名的农民,一定不在少数。不论唐太宗、唐高宗征辽东,还是过去隋炀帝征辽东,军队中都会有一批像薛仁贵那样支持战争的人。高宗打辽东,靠的就是太宗亲手培养起来的将军,还有像李勣那样身经百战的老将,以及一批想在战争中立军功的将士。但高宗的胜利更主要是当时朝鲜半岛形势发生了变化,由于唐军得到新罗支持,在攻打高句丽前就已经占领了百济,以百济为基地,大大方便了唐军从海上发起进攻。

唐高宗永徽二年(651),阿拉伯的第四位哈里发奥斯曼派出第一个使团,向唐朝进贡。阿拉伯的崛起,削弱了中亚国家的势力,而高宗朝唐军也打败了劲敌西突厥。龙朔元年(661),唐朝势力越过了葱岭,在今新疆于阗以西、波斯以东地区建立了十六个都督府,大致位置在今乌兹别克斯坦、塔吉克斯坦、伊朗和阿富汗一带。唐朝在上述地区只是实行象征性的统治,不征收赋税,甚至连都督也由原来的国王和地区首领担任。但唐朝的疆域确实达到了空前未有的程度。历史真喜欢开玩笑,拥有如此辽阔疆土的皇帝,不是野心勃勃的隋炀帝,也不是贤明君主唐太宗——这份历史的荣耀偏偏摊在了懦弱多病的唐高宗头上。

高宗朝国家能有如此之盛,一是由于外部世界提供了特殊的机遇;二是由于国家的基业已经扎实,制度已经健全,人口增加,财富也日渐充裕;三是由于有太宗皇帝选好的忠实大臣辅助高宗,这些贞观一代的老人马,不仅富有政治经验,而且办事效率高,为官也相对廉洁。这些中枢大臣也已经习惯了太宗建立的和谐的人际关系。

然而高宗毕竟不是太宗,皇上的手腕不能驾驭大臣,反而为中枢大臣所左右。永徽三年(652),掌握朝政的重臣长孙无忌、褚遂良和李勣等人,为了巩固自己的权力,借由处理一桩宫廷纠纷制造了一起冤案,成功地打击了政敌。然而也就在这一年,一个性格坚强的妇女正悄然走向权力的中心,这个后来不仅改变贞观元老们的命运,而且使李唐皇室为之震动的女性,就是直到今天仍然引起许多人兴趣的中国唯一女皇帝武则天。

武则天,祖籍山西文水,父亲武士彠出身官宦家庭,但士彠本人却是个经营木材的大商人。隋朝末年,武氏结识了在太原领兵的李渊,后来在李渊军中当了个将官。唐朝建立后,武士彠任工部尚书,并娶了隋皇室的远亲杨氏为妻,武则天就是武德七年(624)他在四川广元做官时所生。

贞观十二年（638），武则天被选进宫，唐太宗立她为才人，这是唐朝后宫的第五等嫔妃。武则天进宫时只有十四岁，太宗皇帝已经三十九岁。关于武才人和太宗皇帝的接触，大概只有武则天成为女皇后亲口讲的一个故事：太宗皇帝有一匹烈马，名叫狮子骢，没有人能驯服。武则天对太宗皇帝说，只要有三件东西，就可以叫它服服帖帖，一是铁鞭，二是铁挝，三是匕首。铁鞭击不服它，就用铁挝挝其首，还不服帖就用匕首割断它的喉咙，皇上很夸奖小才人的勇气。林语堂六十年前写《武周秘史》，认为唐太宗"并不喜爱英明果断的女人，他喜爱的女人要温柔，要和顺"。其实太宗和高宗父子，有一点十分相同，他们都喜欢成熟的女人，这和他们过早失去母爱有关。太宗与长孙皇后非常恩爱，长孙氏就是个凡事能给丈夫劝慰的贤惠妻子，而武才人在太宗眼里还是个未脱稚气的女孩，直到太宗皇帝死，武氏仍然只是个五品才人而已。

高宗比武才人小四岁，武氏进宫那年，高宗只有十岁，他的母亲长孙皇后又刚过世两年，这对少男少女很可能那时候已经有了接触。贞观十七年（643），高宗被立为太子时也只有十五岁，太宗让他住在与自己邻近的宫苑，史书上暗示，此时高宗和武氏感情更加地密切。其实喜欢一个比自己更成熟更有主张的女人，就高宗的感情世界而言，应该是很自然的事。但武才人在太宗皇帝死后，按宫中的规矩必须削发为尼，所以她在高宗登位时，被遣送进了感业寺，和她一起出家的都是没有生育过的嫔妃。

正史上说武氏是在永徽五年（654）被皇帝召进皇宫的，但事实上永徽三年（652），也就是长孙宰相清洗敌对势力的时候，武氏已经为高宗生了一个儿子。也有历史学家认为武氏并没有真正出家做过尼姑，但永徽五年武氏被正式拜为昭仪应当没有疑问。也是在这一年武昭仪生了个小公主，据说武氏亲手将她害死，然后嫁祸于王皇后。高宗信以为真，决定废黜王皇后立武氏为后。

高宗废后的事遭到了朝廷元老的反对，为首的就是太尉长孙无忌，他也是皇上的舅父，还有一个坚定的反对派，就是尚书左仆射褚遂良，他俩都是受过太宗托付的顾命大臣。他们反对立武则天为皇后，理由是她出身门第太低，褚遂良公开劝皇帝"妙择天下令族，何必武氏"。后来武则天称皇帝，文人骆宾王起草《讨武氏檄》，劈头就说她"性非和顺，地实寒微"。房玄龄、魏征这样智慧的大臣，也未曾摆脱世俗对门第的偏见，可见木材商的女儿要当皇后，接着还要当皇帝，将会碰到怎样的阻力。此外，还有一个大臣们不便说的理由，骆宾王的檄文直接抖了出来，这便是武则天从前当过太宗皇帝的小妾。

既然元老大臣反对，武则天就从同样庶族出身的官僚中寻找支持。当时支持武氏当皇后的，一个是太宗朝十八学士之一的许敬宗，还有一个是贞观年间，以文章出名天下的李义府。许敬宗的女儿嫁给了蛮族酋长的儿子，因他向蛮族索取钱财被罢官。永徽六年（655）他才官复原职，立刻就站到高宗和武氏一边。李义府出身寒门，因文章得到马周、刘洎的赏识——这两个人也都出身寒门——当上了太子舍人，也就是李治的随从。高宗做皇帝把李义府提升为中书舍人，专给皇帝起草诏令文书，永徽二年（651）又加封他为弘文馆学士。长孙无忌对皇帝信任的李义府很是反感，因为李义府平时总是点头哈腰，大臣们背后称他为"李猫"。永徽六年，长孙氏把持的朝廷要谪黜李义府。李义府知道元老大臣为皇后废立的事，正在和皇上较劲，于是便公开上书支持皇上立武氏为后。

在废立一事上起关键作用的是司空李勣，他是个家聚千钟粟的庶族地主，隋末参加了翟让领导的起义，后来投奔李渊，成为唐朝开国元勋。李勣对高宗说："陛下家事，何必问外人。"许敬宗一看司空发了话，乘机四处散布说："庄稼人多收了十斛麦子，也想换个漂亮的媳妇，何况天子想立个新皇后，别人何必七嘴八舌。"

高宗得到了支持者的鼓舞，把反对立武氏的褚遂良，远谪到今天的湖南长沙，又以谋害皇帝罪将王皇后贬为平民。永徽六年十月，武则天被立为皇后，她的长子李弘被立为太子，第二年改元为显庆，表示一个新时期的开始，那一年武后三十二岁。武氏被立为皇后还不到五年，长孙无忌、褚遂良等先后被迫害致死，支持武后的许敬宗、李义府却当上了宰相，懦弱的高宗身后，从此有了一个坚定而且有才干的皇后。

武则天当了皇后，开始只是在幕后施加影响。高宗刚过三十岁就常犯头眩病，皇后既热衷于朝政，皇帝乐得把日常的奏折交给媳妇打理。武则天的政治经验、才干，乃至她的野心，显然有一个日积月累的过程，只是记录这段历史的人，对于武氏的成才道路并不感兴趣。他们宁可相信武则天的所作所为，都是早就策划好的阴谋，甚至相信早在太宗时天文学家李淳风，就已经觉察到了武姓乱唐的征兆。现代人虽然不像古人那般迷信，但囿于史料就很难跳出古人设定的格局。

高宗皇帝和武则天的关系，随着岁月的推移悄悄发生着变化。麟德元年（664），也就是武氏为皇后十年之后，皇帝开始对她感到不满。他想摆脱皇后的束缚，于是把亲信上官仪召进宫，秘密商议如何废黜势力越来越大的皇后。但宫里到处都有皇后的人，武则天得到了情报，立刻前去质问。皇后的咄咄逼人使高宗退缩，结果上官仪成了"帝后"之争的牺牲品，皇后令他自裁。上官仪死后，武后正式垂帘听政。又过了十年，武后年满五十，在她生日前后，把年号改为上元（674），并宣布皇帝皇后称天皇、天后。看来武则天是以此纪念自己五十而知天命。

天皇李治在武则天六十生日的前一年去世。高宗朝的最后一个十年，夫妇俩遇到了许多麻烦。就国家而言，由于战线拉得太长，唐军开始向后退缩：在东北，唐朝上元二年（675）新罗统一了朝鲜半岛，唐朝将安东都护府迁回今天的辽阳，后又迁到今天的抚顺。在西面，唐朝对中亚地区的控制已经丧失，即使在葱岭以东，吐蕃和突厥也对唐朝发起了战争。这段时间在皇室内，也接连发生了几起不幸事件：先是上元二年太子李弘忽然去世，外间传说被武氏下毒药害死，但也有历史学家对此事表示怀疑。李弘死后立李贤为太子，永隆元年（680）查出李贤私藏兵器图谋起事，又废黜了李贤，改立三皇子李显。

永淳二年（683）的十二月，高宗刚刚下令改用新的年号弘道，就在东都洛阳归天。高宗在位三十四年，先后换了十三个年号，这些大概都是爱翻花样的武则天出的主意。皇后加冕的第二年，改年号为显庆，只用了两年；听说有人看见了龙，她就把年号改为龙朔（661—663）；不久有人说发现了麟爪，皇后认为孔子出生时也曾见过，于是第二年又改称麟德……。

高宗在位时武则天对朝政究竟有多大影响，历史学家们看法并不一致。但即使武则天掌握了很大的权力以后，这个庞大的国家机器，仍然是依靠着贞观朝已经建立起来的，中央集权的官僚机器在运转。朝廷的政治风波，并没有给底层社会造成太多的动乱，而国家和社会经济，也并没有因此出现停滞。

高宗朝并非没有制度上的改变，将洛阳定为第二首都，并把朝廷正式迁到洛阳，就是武则天被立为皇后以后第一个政策上的成果。武后坚持迁都洛阳，除了上面已讲过的理由，还有人认为政治中心的东移，反映了西北关陇士族的衰落。而另一种观点认为，武则天在消灭了王皇后和另一名妃子之后，经常在长安皇宫看到鬼魂作祟,所以在高宗去世前两年,武则天就开始把洛阳当作首都,一直到她去世。

武则天十分迷信,又很热衷于恢复古代的礼仪,这一嗜好给高宗朝的政治打上了鲜明的印记。在古人看来,到泰山上去祭祀天地,是国家最隆重的典礼——称之为封禅,中国历史上进行过六次封禅,最后一次是在公元1008年。唐太宗虽然也想举行封禅大典,后来还是放弃没有举行。由于武则天的坚持,高宗于公元666年举行了这桩千古盛事,并把那年改元为乾封元年。高宗朝的另一大事是继太宗的《氏族志》之后重新编写《姓氏录》,收录唐朝五品以上的官员,一律以各家族在本朝的地位排列顺序。这是对流行已久的门阀观念的挑战,虽然并不损害在唐朝仍保持了权利的士族地主,但那些只有昔日名望的豪门却因此遭受打击。

高宗朝完成的《永徽律》是古代最具影响的法典,《唐律疏义》是对唐代法制的权威注释。唐高宗显庆四年(659)朝廷颁布苏敬编订的《唐新本草》,这是世界上最早的国家药典。永淳元年(682),《千金方》的作者医药学家孙思邈去世。孙思邈生于隋开皇元年(581),先后经历了隋唐五代,整整活了一百零一岁,唐太宗、唐高宗都曾请他看过病。他所著《千金方》是中国最早的一部医学类书。《唐新本草》和《千金方》都是总结性的大著作,只会诞生在隋唐这样的大时代。

2. 则天皇帝

弘道元年（683）十二月高宗病死洛阳，皇位传给了二十七岁的李显，他就是历史上的唐中宗。中宗只做了两个月皇帝，就被武则天废为庐陵王，放逐到今湖北房县。房县化龙镇古城村考古证实就是庐陵王封城。接替中宗登位的兄弟李旦，也就是历史上的睿宗。中宗大概不想被母亲摆布，打算将岳父韦玄贞提升为侍中，又要授给奶妈的儿子五品官，大臣裴炎反对，中宗说就是把天下都给韦家又有什么不可，武则天就是抓住这句话将他赶下了台。睿宗比中宗还要小六岁，武则天只是把他当成傀儡，把他安置在别殿，朝见大臣处置国事全由太后武则天一人出面——那是光宅元年（684），武则天已经六十岁。

武则天自十四岁进宫，三十二岁被立为皇后，三十七岁参与国是，四十六岁垂帘听政，直到六十岁她终于可以独自决断朝政，再也不用借高宗的名义。

光宅元年九月，武则天的改革方案出台，宣布将旗帜全都改为金黄色；八品以下的官员服饰一律用碧色（深青）代替从前的青色；东都洛阳改名为神都，皇宫改称太初宫。武则天还给沿用许久的三省六部等机构安了新的名称：

尚书省	门下省	中书省	御使台	
文昌台	鸾台	凤阁	左肃政台	右肃政台

武则天独揽皇权，有些人很看不惯，当时任长安留守的刘仁轨就劝她不要重蹈吕后覆辙。武氏尽管不听但仍很客气，她回信说：你说吕后的事，起初我感到茫然，但细细一想还是应该把历史作为一面镜子。其实武则天的野心比吕后还大，她听侄子武承嗣的话，先给武家在京师修祖庙，又把她父亲以上的五代祖全都封了王位。武家的死人尚且如此，活着的武姓亲戚更是出将入相。

武姓势力迅速扩张，引起唐皇室的不安，一些政治上不得志的人便乘机起来谋反。这些人的首领是前面说过的唐朝开国元勋李勣的孙子、英国公李敬业。那时候他因过失被贬谪到扬州做官，和他一起造反的还有给事中唐之奇、长安主簿骆宾王等人。李敬业让骆宾王草拟了那篇《讨武氏檄》，除了骂武则天出生寒微，还说她秽乱春宫、弑君鸩母，"一抔之土未干，六尺之孤安在"，"试观今日之域中，竟是谁家之天下"。文章读起来铿锵有力，落地有声。但这帮书生真刀真枪远不是武则天的对手，没用多久，叛变就被朝廷的军队镇压。史书上说，武则天读到骆宾王那篇掷地有声的檄文，先问是谁写的，然后说这么好的人才竟把他流放在外,这实在是宰相的过错。开国将军李勣原本姓徐,因军功赐给李姓,敬业谋反剥夺了姓李的资格,从此又回到了徐姓。

武则天毕竟过了耳顺之年,在政坛上少说也磨炼了二三十年,面对谩骂她显得相当的宽宏大量。只是自从徐敬业举兵谋反以后,武则天的疑心病越来越重,认为天底下有好多人都想造她的反。为了能把隐藏的大大小小的徐敬业从暗中挖出来,她鼓励臣民揭发告密,下令凡有密可告不论何人,地方官都不得过问,必须给他们提供驿马和五品官的伙食,帮助他们迅速到达神都。告密者到洛阳后,又都被舒舒服服安置在"客馆",管吃管住。举报只要属实,立即就被破格录用,即使捕风捉影,甚至无中生有,也不追究责任。

有个叫索元礼的胡人,就是靠告密起家当上游击将军,后来武则天让他专门办案。索元礼每抓到一人就能叫他交代出几十甚至上百个同党,武则天认为他很能干。后来又有周兴、来俊臣等学索元礼的样,周兴官至秋官侍郎,来俊臣当上了御史中丞。这帮人办案"效率"之所以很高,用的就是三个字"逼、供、信"。为了使犯人屈打成招,来俊臣他们审案子,不论青红皂白先给犯人鼻孔里灌上几碗醋,然后再动用十种刑具——定百脉、喘不得、突地吼、著即承、失魂胆、实同反、反是实、死者愁、求得死、求破家,听听名字就叫人毛骨悚然。如果犯人一审不供,先将他扔进遍地是粪便的地牢,再审时就用更残忍的酷刑：把犯人的手脚用木棒夹紧然后转动——凤凰晒翅；用绳索绑紧犯人的腰，然后将犯人的枷锁向后牵引——驴驹拔橛；让犯人跪在地上捧着枷，然后在枷上累甓——仙人献果；让犯人站在很高的木桩上，将枷的尾部往后牵引——玉女登梯。还有更野蛮的便是将犯人的头部用铁圈箍紧，然后向铁箍里加木楔，这种刑法可以叫犯人头颅爆裂脑浆横流；最可怕的是"请君入瓮"，就是把犯人装进烧红的瓮中。

永昌元年（690），武则天已经不再满足于太后临朝称制，她要亲自尝一下做天子的滋味，于是便改唐为周，定年号为天授，将睿宗皇帝降为皇嗣，自己则称起女皇帝。

武则天选这一年做皇帝，不知是否因为她正好六十六岁，求一个好口彩六六大顺。这皇位武则天一坐就是十五年，到她退位时已经八十一岁，唐朝三百年历史还从没有过像她这么高龄的皇帝。

武则天当了女皇帝以后，对反对派镇压更加地严厉，女皇令来俊臣在京都丽景门设立推事院，专审企图谋反的人，来俊臣的同党戏称此门为例竟门，意思说进了此门照例有去无回，从此了结一生。长寿元年（692），连女皇最信任的宰相狄仁杰也被来俊臣网罗罪证关进丽景门，幸亏救援及时才活着出来。神功元年（697），来俊臣利令智昏，竟想害死太平公主和武姓诸王，结果自己被判处死刑。

来俊臣死后，武则天问左右说："从前周兴、来俊臣办案

113

牵连了许多朝廷大臣,说他们谋反。国有国法,我也不敢违背,虽曾怀疑案情不实,派近臣去狱中复查,看到本人笔供,又都招认不讳,我才不再怀疑。但自从来、周二人死后,就不再听到有谋反的人,从前那些被判死刑的,不知有否受冤枉的?"玄宗朝的名相姚崇当时正在一旁,他对武则天说:"从垂拱以来(684—688),凡以谋反罪处死刑的,大多都是受冤枉的,来俊臣他们以给别人网罗罪名为功,陛下的近臣也都自身难保,谁敢与酷吏作对。那些招供的人即便想翻案,也担心重遭酷刑,所以他们宁可早早结束生命,而不抱平反昭雪的企望。如今庆幸苍天启示陛下将这帮恶人处死,我敢以全家百口担保,从今以后绝不会有谋反的人。哪怕今后发现一例,我也愿受知情不告的处分。"

武则天用酷吏进行恐怖统治,引起的民愤过大时,她又会及时地将其除掉,然后再换新的酷吏,继续新的恐怖。直到姚崇说这番话之后,女皇似乎才有所觉悟。姚崇的担保很使她感动,于是当场就给了他一笔奖赏。至于那些受冤屈而死的人,信佛的女皇帝也许认为,只要多做几个水陆道场,就可以超度他们的灵魂。

武则天除了靠酷吏制造恐怖,对于所谓的祥瑞也非常入迷。垂拱四年(688)武则天即位前,有人从洛水中发现一块石头,上书"圣母临人,永昌帝业",这其实只是武则天侄子暗中捣的鬼,但武氏还是信以为真。一些历史学家认为正是这件事促使了武则天称帝。不要以为宣传迷信的人总是在欺骗别人，一旦陷入哪怕自己设下的迷信怪圈，他们往往也不能自拔。

由于武氏热心灵芝、嘉禾之类的祥瑞，当时前来献吉祥物的人很多。有人从洛水中捡到一块石头，上面有数处红色斑点，他如获至宝，送到宰相办公的政事堂请赏。宰相李昭德问来人，石头有何特别，那人说这红斑点象征了赤胆忠心。李昭德说："这块石头象征着赤胆忠心，洛水中其他石头难道都会造反不成？"科学落后虽然是迷信的主要原因，但也有很多迷信是因为逻辑混乱造成，只要按合理的逻辑进行思维，就不难揭穿迷信的荒唐可笑，李昭德用的就是这样的方法。在中世纪能像李昭德那样思考的人太少，相信迷信的人太多，所以迷信就成了武周"革命"的理论根据。

说武则天称帝是一场革命，因为由一个女人来当皇帝，在中国历史上，还真是前无古人后无来者的特例。既然是革命，就少不了轰轰烈烈的场面。武则天称帝的时候，唐朝的人口比贞观年间已经多了一倍，有那么多的个体农民供驱使，女皇帝又可以在数千万众生的神州，描绘最新最美的图画。女皇还没有能力建造一座新的都城，但她可以把旧都改名为"神都"，既然洛水献给她"宝图"，她就将洛水改名为"永昌洛水"。西周时有过明堂，谁也不知道是什么样子，但她却靠了个法名怀义、俗名冯小宝的男宠，使一千多年前的神圣殿堂，重现在大周的神都。明堂高二百九十尺，三百尺见方，分三层：下层象征四时，分别为四种不同的颜色；中层代表十二个时辰；上层是九条龙捧着的大圆盖，盖子的上面装饰着一丈高的铁凤凰，凤凰身上涂了金子。明堂的中间有一根十围的巨木上下贯穿，明堂的下面还有一条用铁浇铸的水渠。明堂取名"万象神宫"，后来武则天的登基典礼就是在那里举行。明堂的后面又造了一座"天堂"，安放了一尊高百尺的佛像。鼎曾是上古时代最高权力的象征，西周的九鼎不知何去，只剩下"一言九鼎"这么句空话。武则天要重造她的世纪宝鼎，将其置放在明堂之前，其中"神都鼎"高一丈八尺，可容一千八百石粮食；象征周围八州的小鼎，每只也有一丈四高，可容一千二百石粮食。女皇的一言九鼎可谓货真价实，全部用铜，共计五十六万七百十二斤。天册万岁元年（694），又一座地标性的宏伟建筑矗立在神都的正南门（称端门）。取名"天枢"的这座高度一百零五尺的建筑，直径十二尺，共有八面，每面直径五尺。天枢的下层是一座周长一百七十尺的大铁山，上面有铜制的蟠龙、麒麟萦绕，上层有直径三丈的铜盘，名曰腾云盛露盘，盘的周围还有四个一丈高、手捧火珠的立姿龙人。关于天枢史书上只有几行简短的介绍，但它的宏伟精美已可想象。史书上还留下了这座金属雕塑设计者的名字，他叫毛婆罗。

3. 两翼重振

　　武氏建天枢目的本在于黜唐颂周，天枢上的文字由女皇的侄子武三思所写，武则天亲自题词——"大周万国颂德天枢"。皇帝既然姓武，皇位也应该传给武姓子孙，武氏的侄子们都在加紧活动想当太子，而女皇最信任的大臣狄仁杰和李昭德，都劝她传位给自己的儿子。尽管武则天称帝后仍然立睿宗为皇储，不过女皇的身体一直很好，传位的事似乎还十分遥远，况且，史无前例的女皇帝到底应该传位给谁——侄子、儿子，还是改用武姓的儿子？结果还是狄仁杰解析了女皇的一个怪梦，才解决了这道继承难题。

　　那一年武则天已经七十四岁，一天晚上忽然梦到一只折断双翅的鹦鹉。狄仁杰解释说："武者陛下之姓也，两翼二子也，陛下起二子，则两翼振矣。"武则天得到梦的启示，把放逐

武周时代的名臣狄仁杰

在房州的儿子李显召回京城，改姓武，立为太子，又把睿宗改封为相王。

从公元683年唐高宗去世到公元713年唐玄宗登基的三十年间，唐朝社会的上层处在激烈的政治大动荡之中，李唐王朝连续发生过五次宫廷政变。高宗死后太后废黜中宗和睿宗，以武周代替李唐便是一系列政变的开始。

武氏朝廷的最后几年，朝政全被张易之和张昌宗兄弟操纵，特别是在宰相狄仁杰死后，武则天对这两个面首，简直是有求必应。二张的弟弟张昌仪只是小小洛阳县令，竟然也公开收取贿赂、卖官鬻爵。有一回张昌仪上早朝，在半路上收了一个姓薛的候选官员五十两银子，上朝时便把薛氏的请托条子交给天官侍郎要他给开后门。侍郎不小心把条子丢了，问张昌仪递条子的叫什么名字。张昌仪破口大骂到："你这个不晓事的人，我也不记得了，只要姓薛你就把官给他。"侍郎回衙门一查，这次候补的官员中，姓薛的就有六十多个，只好将他们全都录用，由这件事可以看出，当时的朝政败坏到了何种程度。

武则天任用腐败的官吏，自己的生活也相当荒淫，这使她在朝廷的声望也随之下降。为了缓和对她不满的情绪，武则天任用德高望重的张柬之为宰相。张柬之已经八十岁，对唐王朝很是忠诚。长安四年（704），武则天因病几个月不见宰相，只有张氏兄弟在女皇身边伺候。第二年正月武则天病情加重，正月二十二日朝臣在张柬之的带领下，将胆小怕事的中宗哄出东宫，众将冲入玄武门将张易之兄弟杀死。武则天还在宫中睡觉，因外面的喧哗惊醒，女皇问谁在作乱，政变的将军回答："张氏兄弟造反，丞相奉太子命令前来诛杀，恐怕泄露消息，没有报告就率兵进入内宫。"

武则天很是镇定地说："既然杀了那两个小子，现在可以退回太子宫去。"一将领说："太子怎么能再回东宫，天皇将爱子托付给陛下已经二十二年，天下人都思念李姓王朝，不忘太宗和天皇的恩德，所以众人才奉太子之命前来讨贼。请陛下把皇位传给太子以顺民心。"李义府的儿子也参加了政变，武则天对他说："你也进宫来杀张易之，我对你们父子不薄，没想到会有今天。"李义府儿子很是尴尬，武则天又对另一将军说，"别人都是因推荐才升官，只有你是我亲手提拔，你怎么也在这些人里面？"那将军回答："这样做正是为了报答陛下的大恩大德。"武则天无可奈何，第二天就让出皇位。正月二十五，中宗宣布复辟，改年号为神龙元年（705），尊武则天为则天大圣皇帝，这就是高宗死后的第二次宫廷政变。

这一年的十一月武则天去世，死时八十一岁。从十四岁选进皇宫算起，她在宫中生活了整整六十七年，从五品才人成为中国历史上的唯一女皇帝。《资治通鉴》上说，被武则天杀掉的唐朝皇室贵戚有数百人、朝廷大臣数百家，其中在位宰相十九人，地方刺史、郎将一级的中上层官员更是不可胜数。但那时的冤狱牵连的多数是朝臣，对于地方并没有造成太大的影响。

武则天对上层社会实行恐怖统治，同时也很注意吸收社会其他层面的支持，求贤若渴破格引用人才。武则天称帝前后，曾多次下令让文武官员和老百姓自荐，并让地方官向朝廷推荐人才，凡被推荐的人武则天全都接见，让他们到各部门试用。我国古代官员的试用制度，就是从那时候开始的。武则天这样做必然会带来用人过滥的弊端，有人讽刺说"补阙连车载，拾遗平斗量"，"评事不读律，博士不寻章"，都是形容那时的官太多太滥。武则天用人虽滥，但对不称职的官员处置也很及时。由于她恩威并施，后来的人还是认为她善于用人。

武则天称帝距李唐立国整整七十年，封建国家凡开国时期，都有一批创业人才可供使用，但等到太平盛世，人才的选用往往就成了统治者的一道难题。秦汉以来官吏除了世袭，大多便是由各级政府推荐，武则天进行的是高层革命，靠过去的推荐或李唐的世袭制度，都不能满足她大权独揽的需要，所以才想出了让百姓自荐这条路子来源既广淘汰也必定迅速，这都是形势造成。

科举取士虽然从隋朝已经开始，但一直到唐末，科举出身的朝廷官员才渐渐占了多数。从前有人说武则天提倡科举是为了从中选拔人才，史学家发现，武则天时代的大臣，由科举选拔上来的极少。但史书上说武则天喜欢读书，也爱舞文弄墨。在永淳（683）以后的二十年里，王公大臣都因文章而被朝廷重用，因循日久渐成风气。等到武则天的孙子玄宗做皇帝时，社会普遍认为，通过科举取得禄位是一种荣耀。官宦人家父教子、兄教弟，哪怕五尺童子也都以不通文墨为耻。文教风气的形成需要很长时间的积累，在武则天时代，这种良好的风气开始普及，这与武则天本人的提倡是分不开的。

科举考试中，由皇帝亲自主持的最高级别的考试叫殿试，殿试始于武则天的天授元年（690）。那年二月，女皇在洛成殿面试各地的贡士，接连好几天方才结束。各地推荐人才有的名不副实，为了评卷公正，武则天的时候，下令考生在试场将自己的名字用纸糊去，然后再由吏部阅卷官评判等第。糊名后来成为科举考试的一项制度。

武则天生活在个体农业经济向上发展的时期，唐朝的户口达到了六百十五万六千一百四十户，就是在她死的那一年。也就是说自她被立为昭仪的永徽三年（652），到她去位的神龙元年（705）的半个多世纪，户口增长了60%。而这样的时代正需要有一个强有力的统治者，高宗太懦弱，时代因此召唤出像武则天那样的铁腕人物。

中宗复辟时已经四十九岁，在过去的二十二年间，他一直生活在女皇母亲阴影之下。史书上说中宗在房州流放时，终日感到恐怖，每当朝廷派使臣来，他都吓得要去寻死。妻子韦氏这时总在一旁劝慰说祸福无常，不用过于担心。中宗大难不死终于又当了皇帝，他的性格和父亲高宗一样懦弱，而韦皇后虽无婆婆的才干，却有武则天一样的野心。

中宗在位的五六年，韦皇后也像武则天那样垂帘听政，皇后将她和中宗所生，唯一活下来的子女安乐公主，嫁给了武则天侄子武三思的儿子，实现了皇室和武氏家族的结盟。太子重俊不是韦后所生，皇后与武氏家族打算立安乐公主为皇太女，于是太子率领禁军将武三思父子杀死，并想从父亲手里夺取皇位。太子在进攻皇宫时兵败被杀，中宗立最小的儿子重茂为太子。韦皇后生活十分荒淫，安乐公主、中宗的昭仪上官婉儿则依靠出售委任状发财，这种非法委任的官职，称为斜封，是后来玄宗朝的重点打击对象。

景龙元年（710）六月中宗忽然去世，史书上说是韦皇后和安乐公主指使一个会烹调的臣子，在中宗吃的饼馅中下毒，将其毒死。中宗死后，十六岁的李重茂当了皇帝，他不过是韦皇后和安乐公主操纵的傀儡，韦氏也像武则天一样临朝执政。这便是唐朝前期第三次宫廷政变。

韦皇后和安乐公主要想牢牢掌握政权，必须清除相王李旦以及武则天的女儿太平公主。中宗去世当月，太平公主联合李旦的儿子李隆基又一次发动政变，将韦皇后和安乐公主斩首，安乐公主被杀时正对着铜镜画眉毛。在太平公主和李隆基的支持下，睿宗李旦再次登位，李隆基被立为太子，改年号为景云（710），这就是唐朝前期第四次宫廷政变。

睿宗的复辟，妹妹太平公主出了大力。公主性格颇像母亲武则天，前几次宫廷政变，公主都参与机密、屡立大功。睿宗比中宗更加无能，一时间朝廷大事都取决于能干的太平公主，文武大臣也都依附于公主，据说"宰相七人五出其门"。睿宗在位前后只有三年，公元712年他把皇位传给了太子李隆基，也就是历史上的唐玄宗。

唐玄宗李隆基是睿宗的第三子，生于武则天垂拱元年（685）。三岁时他就被太后武则天封为楚王，五岁时老祖母改唐为周，李隆基随父亲一起改用了武姓。睿宗表面上还是皇储，但事实上他们一家人都被软禁在深宫。玄宗八岁那年，母亲窦氏被武则天处死，罪名是勾结术士企图谋害女皇，包括玄宗在内的几个皇孙因此也遭到贬谪，懦弱的睿宗眼看妻妾被杀却不敢与母亲抗争。玄宗后来很少提到武则天时代的恐怖统治，但堂兄弟李守礼——他是章怀太子李贤的儿子——在半个世纪之后，每逢阴雨天气都还会感到关节疼痛，这是在武则天时候因受拷打而落下的病症。对于李唐皇室来说女皇统治无疑是一场灾难。

中宗重新被立为太子，睿宗这一支已经没有继承皇位的可能，武则天这才解除了对他一家的监禁。解禁后睿宗家先住在洛阳，长安元年（701）他们随武则天回长安，在兴庆坊拥有了一座豪宅。神龙元年（705），中宗令二十岁的玄宗担任卫尉少卿，负责管理京城的军械，直到此时恐怕还没有人会把皇冠和这个风度翩翩的小王爷联系在一起。玄宗取得皇位更多是靠了机缘，并非刻意追求或精心策划的结果。景云元年（710），四十八岁的唐睿宗再度登位,对于权力,他和二十六年前第一次登基时一样不感兴趣。李隆基(三郎)虽然还有两个哥哥,但都是不想沾染政治权力的人。于是,原来完全没有希望当皇帝的风流倜傥的三郎,这时便成了皇位的当然继承人,唐朝的第五代君主。

玄宗登位之后,尊睿宗为太上皇,但朝廷三品以上官员的任免,仍然由睿宗决定,事实上背后操纵睿宗的仍是太平公主,这就使玄宗和太平公主的矛盾进一步加深。开元元年(713),太平公主阴谋废除玄宗皇帝,玄宗以武力消灭了公主的同党,迫使公主在家中自尽。太平公主死后,从她家中抄出来的财物比皇宫里的还要多。消灭太平公主的势力,是唐王朝前期的最后一次宫廷斗争,玄宗从此独揽朝政,成为名副其实的皇帝。

第六章
从开元盛世到安史之乱

自李渊立国以来，唐朝社会经济的发展大致都处在上升的通道，即使高宗死后一系列的宫廷动荡，也没有改变个体农户增加的趋势。唐玄宗李隆基当上大唐皇帝之后，有效解决了统治集团的危机和各利益集团之间的冲突，任用务实派的大臣重振纲纪，使唐王朝很快达到了鼎盛。大唐朝廷控制的农户，又一次接近了九百万户，人口达到了五千二百九十万。然而盛世繁华，掩盖不住正在形成的危机，底层社会矛盾也在日益加剧，作为大唐基石的均田制开始遭到破坏，建立在均田制基础上的赋税和兵役制度随之动摇。于是在走过了顶点之后的封建王朝，又一次爆发了周期性的社会和经济危机。而这一切全都发生在唐玄宗李隆基统治的开元、天宝年间。

1. 盛世繁华

玄宗在位四十四年，先后用了三个年号，"先天"只用了一年，第二年清除太平公主之后，大概认为自己开辟了历史的新纪元，虽然已经到了十二月，仍然坚持把那年改称为开元元年（713）。"开元"这个年号一直沿用了二十九年（713—741），然后玄宗又以"天宝"为年号统治了十四年（742—755）。后来的人只要提起开元、天宝就会想到社会的繁荣富庶。大诗人杜甫开元元年刚满一岁，他晚年写《忆惜》诗，表达了开元时代过来的人，对盛世繁华的怀念：

忆昔开元全盛日，小邑犹藏万家室。稻米流脂粟米白，公私仓廪俱丰实。

九州道路无豺虎，远行不劳吉日出。齐纨鲁缟车班班，男耕女桑不相失。

开元的全盛日是长达一百多年的社会经济持续发展的结果。从公元589年（开皇九年）到公元755年（天宝十四年），从朝廷控制的户籍数可以看出这一发展的总趋势：隋朝在开皇九年（589）户籍为四百多万，仅用了二十年时间，到大业五年（609）户籍数就增加了一倍，达到了将近九百万。但隋末的动乱使户籍锐减到了唐高祖时的二百万左右，在唐初的一百四十年间，户籍逐级攀升，太宗去世那年（650）为三百八十万，武则天去世那年（705）为六百一十万，五十年间增加了近一倍；到开元十四年（726）户数又上升到了七百万，也就是说用了二十年时间，户籍又增长了近一百万；而从开元十四年（726）到二十二年(734),仅用了八年时间,户籍便再增长了一百万,达到了八百万;从大业五年(609)到天宝十四年(755),近一百五十年,中央集权制的封建国家控制的户籍,再次逼近九百万——八百九十一万四千七百零九,这也是隋唐史上户籍的最高数。户籍和人口的增加,意味着租庸调税的不断上升,史书上说天宝十四年(755),天下交纳的租钱达二百余万缗——每缗为一千文、粟米一千九百八十余万斛(每斛为十斗)、绢七百四十万匹、丝绵一百八十余万屯(每屯六两)、麻布一千零三十五万端。以上只是九百万农户交纳给政府的粮食和布帛,还不包括各地进贡给朝廷的土产,此外还有为数不少的农民在官僚地主直接控制的田地上从事生产,他们交纳的地租自然也不包括在内。

开元全盛和玄宗朝的务实政治是分不开的。玄宗尽管没有接受过当皇帝的训练,但武则天时代的宫廷斗争,养成了玄宗机敏果断却又不失宽厚的性格。玄宗以太宗为榜样——他做皇帝时的年龄,也和当年太宗登位时相同,都是二十七岁——太宗身边有房、杜,玄宗开始则有姚崇和宋璟,他俩都是经过武则天提拔的老臣。玄宗登位时姚崇已经六十二岁,宋璟也有四十九岁。姚崇在睿宗时已是宰相,因主张驱逐太平公主的势力被罢官,玄宗杀太平公主后,立刻去请姚崇出来担任宰相。

他们君臣间的这次历史性会晤,是在长安郊外猎场进行的。六十三岁的姚崇,要求二十八岁的皇帝答应他十件事,他才能接受皇上的任命，这十条后来就成了开元年间安邦治国的大计方针，它的主要内容是：

不以严刑威慑，不让宦官干政，将从前非法所封（斜封）的官员革职，皇亲国戚不得担任朝廷重要官职等。姚崇的十条实质是限制后宫、皇室，以及挑动皇权争夺的大臣，对朝政的干预，重新建立起政通人和的局面。

唐玄宗接受了姚崇的建议，改变了武则天以来独断专行的作风。在处理各种政治集团利益冲突时，武则天往往采取顺之者昌、逆之者亡的极端做法。比如她的《姓氏录》，几乎完全否定了过去的名门望族，而在玄宗统治的时候，重新颁布的《开元谱》，又使一些旧贵族势力复起。

在姚崇的传记里还有一件事很为人注意：开元四年（716）山东发生特大蝗灾，老百姓焚香设祭乞求上天，但没有人敢捕杀蝗虫，姚崇便派御使到灾区动员灭蝗。有个刺史反对灭蝗，说什么消除天灾应当靠德，姚崇说："古人云有德的官，可使蝗虫回避，按此推理你就该是个无德的官，所以才把蝗虫引来。"灭蝗在灾区取得很大成绩，但朝廷却有人扬言，灭蝗杀生于人君不利。姚崇对玄宗说："有的事看起来违背经典，但符合天地间的大道。曹操时山东蝗灾造成了大饥荒，出现了人吃人的悲剧。如今山东灾情严重，不及时控制，老百姓四处流浪，危害就难以估量。如果陛下好生恶杀，让我来承担责任就是。"一千多年前，姚崇敢说这种话是够大胆的。姚崇于开元九年（721）去世，死时玄宗给他写碑文："位为帝之四辅，才为国之六翮，言为代之轨物，行为人之表率。"

姚崇死后宋璟失势，玄宗任用张说为相。张说是当时文坛领袖，史书上称他是朝廷大手笔，并且还有在前线领兵作战的经历。虽然张说和姚崇政见不同，但因他们的先后努力，朝廷的行政效率得以提高。张说做宰相时，兼掌集贤院，这是为宰相和皇帝出谋献策的学术机构，院内五品以上都是学士。玄宗要封张说为大学士，张说不肯接受。集贤院聚宴，众学士要给张说敬酒，张说却说："学士之礼，以道义相高，不以官班为先后。"一千多年前，张说就道出了学术与政治的不同，他的见识实在很高。开元后期，玄宗渐渐信任皇族远亲李林甫，史书上说他是个两面三刀、阳奉阴违的人，"口蜜腹剑"这条

开元时代的贤相姚崇（左）与宋璟（右）

成语最早就是用来形容李林甫的。现在也有历史家认为，李林甫"是一个精明的行政长官和制度专家"，他不是由科举考试出身，而是代表了一部分旧贵族和军人的利益。但不论李林甫如何，在他做宰相的时候，唐代的社会经济仍然还在发展却是事实。

开元、天宝年间中国最富庶的地方是扬州和益州，那时江淮地区出产的粮食，已经开始大量供应北方。开元十五年（727）秋天，北方遇到了大的自然灾害，六七十州闹饥荒，朝廷从南方转运粮食多达百万石——从唐朝开始的大规模南粮北运，成为后来封建社会重要的经济现象。唐朝长安和洛阳的官仓囤积了大量南方运来的财物，史书形容长安储藏的布帛堆积如山。此外在有天下北库之称的山东清河，储藏着专供军队使用的布三百万匹、帛八十万匹、钱三十万缗、粮三十余万斛。朝廷用不完这些财富，就用来出口换取西域的马匹和珠宝。二十世纪上半叶，新疆吐鲁番唐代墓葬出土浙江兰溪生产的布帛，证明西域与内地贸易频繁，以及江南物产远销西域的事实。

天宝二年（743），负责在江南征集赋税的官员韦坚为了向玄宗皇帝显示南方物产之丰富，特意在长安城外望春楼下挖了个很大的人造湖泊，将数百只船直接开进湖中，请玄宗皇帝登楼观看。这些船上都装载了来自江南各地的物产：广陵郡的锦、镜、铜器、海味；丹阳郡的京口绫衫缎；晋陵郡（今常州）官端绫绣；会稽郡的吴绫、绛纱；南海郡（今广州）的玳瑁、珍珠、象牙、沉香；豫章郡的名瓷、酒器、茶釜、茶碗；宣城（今安徽宣城）的空青石、纸、笔和黄连；始安郡（今广州韶关）的蕉葛、蛇胆、翡翠……这些船一艘艘从望春楼下开过，第一艘船上有一名武士站在船头，领唱"得宝歌"，身后有百名美女唱"得体纥那邪"相和。史书说那天的观众人山人海，后来还有人将那天的盛况编成民谣："潭里舟船闹，扬州铜器多。三郎当堂坐，听唱得宝歌。"韦坚给玄宗皇帝展示江南物产，称得上有史以来我国最早的商品展，而且还是别开生面的水上博览会。

京城长安是开元盛世的缩影。长安的建筑布局完成于隋朝设计师宇文恺之手，但宫阙楼观很多则在唐朝增修扩建。隋朝的大兴城内，皇宫只有一处，而唐朝的皇宫共有三座，称三大内：继承隋朝皇宫的太极宫为西内；另有二处，一是在城东北修建的大明宫叫东内，高宗时东内的含元殿成了皇帝的朝堂，这里地势原本就高，又修了三层共有四五丈高的台阶，从大明宫的丹凤门仰望，皇帝的金銮宝座就像在云霄中间；开元年间玄宗过去在兴庆坊的王府，也改建成了皇宫，习惯叫南内。南内有兴庆池、沉香亭、花萼楼。李白为杨贵妃所写的《宫中行乐词》："玉楼巢翡翠，金殿锁鸳鸯"，描绘的就是南内的景致。大明宫和兴庆宫之间还有夹道相通，皇帝在夹道中间往来，外面人无法看见。长安东南有个芙蓉园，内有水面称曲江，每当三月的上巳日（三月的第一个巳日），玄宗都要在此赐宴百官。

长安城里除了宫殿和官署，还有十一条南北向大街和十四条东西向大街，把城区划分成一百零九个坊和两个市。东西两市是长安的商业区，每天中午打鼓三百下，市场开始营业，到日落西山鸣钲三百，两市同时息市。不仅长安的集市有一定的营业时间，整座城市都有统一的作息：天明擂鼓开启城门和坊门，日暮各门同样根据鼓声一起关闭。东西两市遍布大衣行、秤行、药行、金银行和出售马具的鞦辔行等等。在长安做买卖的不仅有唐人，还有许多西域胡人。胡商中最会做生意的要数波斯人，当时长安有句反话叫"穷波斯"，意思是不可能的事，因为波斯商人大多十分富有。不过开元年间，在长安的波斯商人虽然富有，但波斯的萨珊王朝早在半个世纪前就已经灭亡。

住在长安的各色胡人，不仅出售西域的商品，经营西域风味的饭馆酒店，也把西域的艺术和宗教带进了中国。当时的长安流行一种胡旋舞，史书上说胡人将领安禄山就曾给唐玄宗、杨贵妃表演过。安禄山肚子垂到膝盖，体重有三百三十多斤，又如何能翩翩起舞、旋转如飞？原来所谓的胡旋舞，有人说就是踩着大圆球做旋转的一种杂技表演。

盛唐时候的都市人，还有形形色色的娱乐生活。长安人每逢节日都要举行拔河，参加的宫女多至数千人。从遗留下来的绘画和雕塑中，我们还可以看到唐朝人打马球、演杂技和奏音乐的场面。玄宗年轻时就是个马球迷，曾和吐蕃的使者进行过

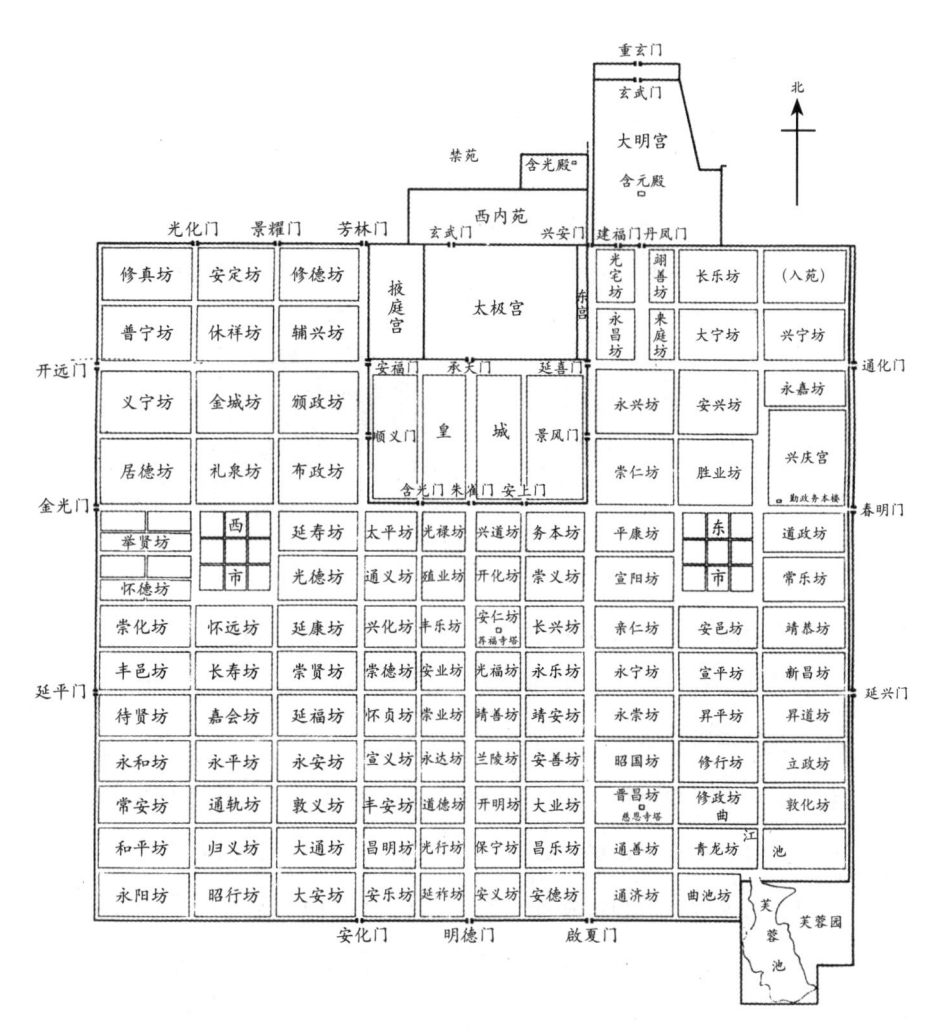

唐代长安城市布局

比赛，结果主队四人打败了客队十人，使吐蕃人大为钦佩。马球据说是由波斯传入，也有人说源于吐蕃。

唐代流行的马球运动

盛唐时代富有刺激性的游戏还数历史悠久的斗鸡。斗鸡早在春秋战国就已开始，《战国策》和《庄子》中都有记载。唐代斗鸡的民俗在唐诗中有过很多的描述："我昔斗鸡徒，连延五陵豪。邀遮相组织，呵吓来煎熬""当年重意气，先占斗鸡场""日日斗鸡都市里，赢得宝刀重刻字"，这些诗篇反映了盛唐人的豪壮气概和争强好胜的时代风貌。据唐人笔记记载，当时的良鸡价值数百万钱，盛唐大诗人李白也写过不少有关斗鸡的诗。他的《古风·其二十四》云："路逢斗鸡者，冠盖何辉赫。鼻息干虹蜺，行人皆怵惕"，写的就是迷恋斗鸡的王公贵族的嚣张气焰。唐初长安习俗，每逢清明都有斗鸡戏，玄宗皇帝做王爷时就乐此不疲,等他当了皇帝在宫中专设鸡坊,养了数千只良种斗鸡,品种分金毫、铁距、高冠、昂尾等许多名目。唐人小说中有一篇说,鸡坊驯养斗鸡的,是六军中选拔的五百小儿,为首的是十三岁的少年贾昌,每到千秋节和清明节,玄宗皇帝都要让贾昌出来表演。那一天"万乐具举,六宫毕从",贾昌戴着"雕翠金花冠",穿着"锦袖绣襦裤",手"执铎拂"引导群鸡进入广场,只见他"顾盼如神,指挥风生"。斗鸡时,那些训练有素的斗鸡一只只"树毛振翼,砺吻磨距,折怒待胜",按照贾昌鞭子的指挥进退,等决出胜负退场时,获胜的鸡走在前,打败的鸡走在后,一点都不乱。贾昌被时人号为"神鸡童",他的驯鸡本领看来确实很高明。

玄宗不只是爱打马球看斗鸡,他在音乐方面造诣更高,《霓裳羽衣曲》就是他编制的一首大型舞曲,犹如现代的交响曲。将近一百年后,爱好音乐舞蹈的白居易,在皇宫看到了霓裳羽衣舞的演出盛况,写下了那首脍炙人口的长诗《霓裳羽衣歌》。开元二年(714),玄宗在宫中设了教坊,这是一支皇家乐队,音乐家的选拔和训练都由皇帝亲自过问。这些宫廷艺人的学习和训练是在一个名叫梨园的地方,所以他们被人称为皇帝梨园弟子,梨园后来就成了演艺界的代称,而唐明皇就成了历代艺人顶礼膜拜的祖师爷。由于皇帝身体力行,开元盛世的艺术非常繁荣,涌现了像李龟年那样的乐器演奏家,以及公孙大娘那样的舞蹈家。

对于繁华的开元盛世来说，无论打马球、观斗鸡，还是唐明皇教授梨园弟子，都只不过是点缀而已。真正能够体现盛唐的恢弘气度和时代精神的，恐怕还是李白、杜甫、王维和孟浩然等开元、天宝年间杰出诗人的不朽作品，而在他们中间的李白和杜甫，更是把盛唐和别的历史时代区别开来的伟大诗人。只是李杜之间也有明显的差别，施蛰存先生说盛唐前期是李白诗"飞扬跋扈"的时代，他反映的是玄宗统治的上升气象；盛唐后期是杜甫"暮年诗赋动江关"的时代，他的诗反映了唐王朝由盛转衰的社会现实。其实正因为开元、天宝时代处在了三百年唐朝历史的巅峰，李白的诗中才有那种豪迈和奔放；走过了巅峰就是下山的路，所以李白才会有 "人生得意须尽欢，莫使金樽空对月"的消极空虚。李白的这种空虚其实玄宗皇帝也有，刘禹锡诗"开元天子万事足，唯惜当时光景促"，说的就是皇上面对盛世繁华的惆怅心情。

诗仙李白

2. 巅峰过后

唐玄宗是位盛世君主，他生活在唐王朝最繁荣鼎盛的时候。唐玄宗继承皇位，是在高祖李渊立国之后九十四年，唐太宗和武则天为开元盛世的政治和经济奠定了基础。唐玄宗统治长达四十四年，是唐朝皇帝中统治时间最长，也是最稳定的时期。然而由于处在了强盛与衰落的转折点上，所以开元时代的君臣既看到了盛世的繁荣，又尝到了走下坡路的苦涩。开元、天宝之际是玄宗皇帝一生的分野，开元时期的唐明皇有过安邦治国的远大抱负，也曾立下过开疆拓土的功绩，但等到天宝年间（742—755），他已开始意志消沉、贪恋声色，日渐昏聩起来。

玄宗自天宝之后就很少过问国事，天宝元年（742），玄宗已经五十七岁，他开始迷恋起道教和佛教密宗；天宝四年（745），玄宗又把二十六岁的杨玉环召进宫，册封为贵妃。玉环十年前就被封为玄宗的儿子寿王的王妃，白居易在《长恨歌》中描述了杨贵妃"一朝选在君王侧""春宵苦短日高起，从此君王不早朝"。杨贵妃美貌聪慧，和玄宗一样热爱音乐，当年她的三个姐姐也同样得宠，玄宗封她们为韩国夫人、虢国夫人和秦国夫人。贵妃的堂兄杨钊,则从蜀州进京当起了管理财政的大臣,据说只是因为他在宫中聚赌时表现出的计算能力,玄宗后来还赐他名为"国忠"。

唐玄宗李隆基

在皇帝不问朝政的时候,原来就善于玩弄权术的李林甫开始独揽大权。史书上说玄宗的哥哥宁王李宪暗中给李林甫递了十个人的名单,让他有机会的时候予以提拔,李林甫一口答应。但李林甫为了堵住朝臣的嘴,又对宁王说,他要将其中一人"绌以示众"。结果在发榜前,李林甫当众宣布,那个特意被挑出来的人四处请托作风不正,这一次不予升迁,而那其余的九个人,全都给开了后门。这样一来,李林甫既讨好了宁王,又给自己赢得了名声。李林甫做事就是这样工于心计。

李林甫死后,因为杨国忠的专权,贵妃和杨氏家族成了长安城内炙手可热的政治势力。史书上说杨国忠的儿子杨暄参加科举考试成绩很差,主考的礼部侍郎达奚珣不敢得罪,让儿子去向杨国忠打招呼，说杨暄虽然考得不好，但一定不让他落选。杨国忠听了竟气势汹汹地说："我儿子的富贵，难道还用担心？要靠你们这等獐头鼠目之辈帮忙？"达奚珣的儿子回来对父亲说："杨家仗势欺人，和他没有道理可说。"结果发榜时达奚珣只好让杨暄名列前茅。后来杨暄的官做得比达奚珣还大，但他还时常抱怨，认为官升得不如达奚珣快。杨家人就是如此的专横跋扈。

玄宗统治后期朝政日益腐败，这些现象明眼人看得一清二楚。天宝十二年（753），杜甫写了一首《丽人行》，就是直接揭露嘲讽杨国忠兄妹的荒淫奢侈、骄纵跋扈。诗中写杨家姐妹的锦罗衣裳绣着金色孔雀银麒麟，头上戴着翠玉发饰，腰间缀着珍珠裙带；写她们郊游时，也有御厨络绎送来珍异食品，翠釜中盛着驼峰，水晶盘中装了银白色的鱼。

诗人看到的只是官场腐败的表象，在上层腐败的背后还有一种诗人不易觉察的、更加深层的危机正在社会的底层蔓延。

唐朝的体制败坏首先表现在，作为唐王朝富强根基的均田制正在悄悄地瓦解。均田制所以能行之有效，一需要有可供朝廷支配的充足土地，二需要有可为朝廷控制的自耕农民。即使在唐初，授田不足的情况就已存在，后来随着土地的兼并和买卖，官僚地主甚至寺院僧侣手中霸占的土地越来越多。开元以后法令松弛，土地兼并现象更为严重，于是均田制只是徒有虚名。

均田制实现的另一前提是把农民束缚在土地上，然而唐朝的赋税一代比一代加重,太宗贞观初年朝廷的官员不满千人,玄宗时各级官吏多达三十六万。官僚机构庞大,财政负担自然增加,农民不堪负担,只有逃亡他乡另谋生路。他们或者给人当雇工,或者做地主的佃户。自耕农逃离了政府所授的农田,均田制同样也就不复存在。

均田制、租庸调制和府兵制是三位一体、不可分离的。均田制动摇了,国家的赋税也就没有了着落,府兵的兵源也开始日渐枯竭。府兵人数越少,负担越是沉重,承担不起粮饷、军械的府兵,也只有走逃亡这条路。

府兵制遭到破坏,就只能以募兵制来代替。用招募来的兵士守卫京师,称为长从宿卫,自开元十年(722)张说做宰相的时候就已经实行。募兵是职业兵,他们和主将建立了长期的隶属关系,这就为唐朝后期军阀割据创造了条件。当时中原地区社会尚属安定,朝廷不重视那里的军事,募兵的素质差,装备也不齐整,相反边境前线的募兵,要经常应付边疆少数民族的挑战,军队的数量和质量都比内地更加优越。过去唐朝兵力分布内重外轻的局面因此被打破,军事上出现了外重内轻的新格局。唐朝当时共有十个边镇节度使,他们握有全国六分之五的兵力。边镇节度使开始只是拥有兵权,后来渐渐掌握了地方的行政和赋税,到了那时候唐朝就进入了藩镇割据的时代。

然而,唐朝的体制是在一百多年中逐渐形成的,它的瓦解也同样是个渐进的过程。所以玄宗统治的后期，社会仍处在极度繁华之中，朝廷控制的农户达到了空前未有的九百万，这是中世纪的封建政权控制能力的极限，隋朝就在接近这个数字的时候爆发过大的动乱。现在历史又要重演，在开元天宝灯红酒绿的背后，危机正在底层悄悄地发生，渐渐地蔓延着，只有等到"渔阳鼙鼓动地来，惊破霓裳羽衣曲"的时候，兴庆宫里的皇帝才会意识到事情的严重。然而那时候，对于唐王朝来说，一切都已经无法挽回。因为唐王朝得以强大的基础已经发生改变，这和武则天给李唐王朝带来的高层震荡完全不同。然而渔阳鼙鼓还没有敲响，大唐依然还是繁荣富强。

3. 渔阳鼙鼓动地来

开元以来唐朝面临着相对强大的少数民族的挑战，所以用重兵防守四境，成为开元时期的一项重要任务。边镇的情况复杂，地方节度使也被朝廷授予了更大的权力，尤其李林甫专权的时候，开始任用熟悉边情的胡将为节度使。虽然这样做不能说对于边防没有好处，但史书上说李林甫重用胡将的目的，主要是防止边将入朝做宰相，瓜分自己的势力——因为唐朝的将军功勋卓著者，可以担任宰相，但不包括胡族将领。在担任边镇节度使的胡将中，平卢节度使兼范阳和河东节度使安禄山力量最大，他的兵力几乎与朝廷中央军相等，天宝十四年（755）由他发动的军事叛变，就好像一场忽然爆发的大地震。唐朝后期的大诗人白居易在事变发生半个世纪后，以"渔阳鼙鼓动地来，惊破霓裳羽衣曲"两句，表达了安禄山叛变给承平已久的中原带来的震惊。

安禄山父亲是康国人，历史上的康国就是在今天独联体国家乌兹别克斯坦的撒马尔罕，母亲则是突厥族女巫，所以给他取了个突厥人的名字叫轧荦山——突厥语的意思是战神之山。

轧荦山父亲死得很早，他从小就随母亲迁居到我国东北的柳城（今辽宁的辽阳），那里当时是西域胡商集中的地方。后来突厥女巫改嫁给胡将安延偃，安氏是安国人，其地在乌兹别克斯坦的布哈拉，安禄山的姓氏就是随继父而来。安禄山的同乡史思明也和他一样是个混血种，他俩都能讲五六种不同语言，于是便在边塞做起了集市的经纪人，当时叫"蕃市牙郎"。后来安禄山又做到幽州太守的偏将。天宝元年（742），安禄山被封为平卢节度使，等到天宝十年（751），他已经一人兼领三镇，势力十分雄厚。

安禄山曾多次被玄宗召见，靠了献媚和贿赂，他取得了皇帝的好感。史书上说安禄山生得出奇的肥，玄宗问他腹中究竟有什么，安禄山回答说："唯赤心耳。"这种赤裸裸的马屁，开元初年的玄宗是不会上当的，然而进入天宝年间，玄宗早已是暮气沉沉，听了这种肉麻话也会心花怒放。每次入朝他都先给杨贵妃行礼，然后再给皇上磕头。玄宗怪罪，他却说胡人的礼节是先母后父。为了讨皇上和贵妃的欢心，他还认杨贵妃为干娘。玄宗对他更加地信任，特意在长安给他修了一座豪华的宅子，楼台亭阁金碧辉煌，连厨房的笊篱也用金丝编织。

安禄山在宫中故意装痴卖傻，但他对宰相李林甫却是心怀畏惧。原来李林甫每次见安禄山，事先都做好准备，使安禄山觉得他能料事如神，所以哪怕冬天，安禄山和李林甫说话也会出一身大汗。安禄山越是害怕李林甫，李林甫对他越是温和，李林甫越是温和，安禄山越是莫测高深。安禄山怕李林甫，却不把杨国忠放在眼里。

天宝十一年（752）李林甫死，杨国忠竭力抬举另一胡将哥舒翰，促使了安禄山加紧谋划叛变。天宝十四年（755）十一月，安禄山在范阳发动兵变，率十五万大军南下，中间有一支骁勇善战的突厥骑兵。叛军所打的旗号，是为了讨伐杨国忠。天下太平的日子已经很久，中原老百姓好几代人都没有见过打仗，突然听到范阳起兵的消息，不论远近都感到震惊。河北原本就是安禄山管辖的地方，叛军所过州县几乎没有遇到反抗。

安禄山起兵的消息很快传到长安，玄宗与朝臣商议对策，杨国忠不以为然，觉得不出十天安禄山的首级，就会被忠于朝廷的人送至京城。安西节度使封常清也在皇帝面前夸下海口："只要派我到洛阳打开兵器库，招募勇士挥鞭渡过黄河，不用多少日子就可把叛乱平定。"但封常清低估了敌人，在他接连打了几次败仗后，只好退守陕郡。高仙芝和封常清会合后准备坚守潼关，而玄宗却因高、封二将丧师失地将他们处死。封常清临终留下遗言，劝皇上不要轻敌。

天宝十五年（756）元月，安禄山在洛阳称帝，上半年由于节度使郭子仪、李光弼攻打安禄山的后方——河北，颜杲卿、颜真卿兄弟等也在河北起兵抗敌，安禄山一时无法向关中发起进攻。颜杲卿等人失败以后，安禄山大举进攻潼关，官军当时应该坚守潼关与叛军打持久战，但不懂军事的玄宗迫使哥舒翰出关与叛军交战，结果那年六月初九，潼关落入了叛军的手中。

六月十三日，根据杨国忠的建议，玄宗带领精心挑选的护卫骑兵秘密逃离长安，前往四川避难，随行的只有杨氏兄妹和少数皇室和大臣。直等到第二天早朝，留在宫里的人才发现皇帝不知去向，宫廷内外一片混乱，王公大臣和长安百姓四处逃窜。城外一些胆子大的农民则跑进城来，到皇宫和官府掠取金银财宝，甚至还有人把驴子骑到金銮宝殿，又有人放火烧朝廷的仓库。后来有几个大臣出来指挥，才算恢复了长安城里的秩序。

六月十四，玄宗一行逃到马嵬驿，御林军将士提出要处死杨国忠，随行的太子李亨未置可否。正好有一群吐蕃的使臣在半路上拦住了杨国忠向他要粮食，士兵们便以杨国忠与胡人勾结谋反为由将他射死，他儿子杨暄和韩国夫人、秦国夫人均被杀，出来劝阻的大臣也被愤怒的士兵杀死。玄宗听到喧哗声问发生了什么事，左右回答说杨国忠谋反，皇帝赶忙拄着拐杖、穿了便鞋出来表示"慰问"，并令众人散去。御林军们提出要将杨贵妃处死，玄宗答应由自己来处置。玄宗回到屋内，拄着拐杖低着头默默站了很久，身边人忍耐不住上前说："众怒难犯，陛下赶快作出决断。"玄宗仍不甘心地说："贵妃住在深宫，怎么会知道杨国忠谋反？"高力士追随玄宗四十余年，对玄宗一直忠心耿耿，此时在一旁劝皇帝道："贵妃娘娘诚然无罪，但将士们既然杀了杨国忠，贵妃仍然在陛下左右，他们又怎么能够放心？请陛下再想想，将士们安定了，陛下你才能安定啊。"高力士说的是肺腑之言，话虽说得十分婉转，但利害全都挑明。其实不说皇帝也都明白，只是让他亲口下令处死宠爱的女人，逼迫他这样做的又是他亲自挑选出来的最可靠的将士，玄宗这时一定受到了感情和尊严的双重打击。但"将士安则陛下安矣"等于是一道最后通牒，玄宗只好下令高力士，将杨贵妃领到佛堂用白绫绞死。起事的将士直等到看过了杨贵妃的尸体才肯罢休，玄宗又一次出来安抚众人，为首的将军带领着大家高呼万岁，只是这呼声，在皇帝听来却是别一番的滋味。

马嵬驿兵变的详情至今还是一个谜：有人怀疑兵变的主谋是宦官首领高力士；近代学者俞平伯认为杨贵妃并没有死，她逃了出来后来当了女道士；在日本还有人提出过更有趣的说法，认为杨贵妃被人护送南逃，大约在今天上海附近登船去了日本。其实有关杨贵妃的传说很早就已出现，白居易的《长恨歌》就是根据当时传说所创作。白居易的诗写于宪宗元和元年（806），恰好是马嵬驿兵变五十周年。对于杨贵妃，后世的人多少抱有同情，就连荒于政事的唐明皇，后人对他仍然也抱着惋惜之情，因为毕竟在他的统治下，唐王朝曾到达过顶峰，接着开始走下坡路，不论是谁都无法阻挡。

玄宗要去的四川原本是杨国忠的地盘，兵变后左右要求他改变行程，玄宗没有答应，但太子却被众人留在了关中，组织力量抵抗叛军。农历七月，太子李亨率军到达灵武（今宁夏银川），甲子日即位为皇帝，他就是历史上的唐肃宗，李唐王朝的第七代君主。

肃宗改当年年号为至德元年（756），并遥奉玄宗为太上皇。玄宗直到一个月以后才知道，自己的皇位被儿子顶替，七十二岁的老皇帝爽快地同意了这件事，马嵬驿兵变已使他心力交瘁。

玄宗是六月十三日离开长安的，整整过了十天长安才落入安禄山叛军的手中。叛军所以姗姗来迟，据说因为安禄山没有想到，玄宗皇帝那么快就会逃离京师。从范阳起兵到两京陷落，前后只用了半年多的时间，这也是"唯有赤心"的安禄山始料未及的。安禄山和他手下虽然打起仗来凶悍，但都是些勇而无谋的武将，既然他们轻易得了唐朝的京城，就以为已经稳操胜券，日夜纵酒贪色。安禄山忙着把玄宗的皇家乐队、梨园弟子连同他们的乐器，还有会表演马戏的马、象、犀牛全都从长安搬到洛阳。宫中的音乐百戏，安禄山已经看过不止一次，只是那时候安禄山是陪臣，坐在金銮宝殿的是大唐天子和他宠爱的妃子。如今高鼻子蓝眼睛的安禄山成了高高在上的大燕皇帝，陪他看戏的人中间，居然有玄宗皇帝的女婿。但大唐的王公贵族能够接受的事实，玄宗皇帝亲手调教的梨园弟子却不肯接受，他们不忍为胡将安禄山弹奏大唐天子谱写的曲子，有个叫雷海清的乐工甚至在"国"宴上当众把乐器摔在了地上，结果被

149

安禄山手下拉下去肢解而死。一个小小的乐工,气节远在衮衮诸公之上,所以历史记下了他的名字。

安禄山没有花多大的气力,就拿下了唐朝的两京,叛军在河南的南阳和睢阳,却遭到了意想不到的顽强抵抗。南阳是当时的交通枢纽,守住这座城池,江南的物资就能够由长江入汉水运抵西北,所以在平定叛乱的战争中,具有重要的意义。守卫睢远的张巡和许远,因与叛军作战顽强而著称。睢远被叛军围了数月,城中粮尽只好杀战马,吃完了马又去逮鼠捕雀,最后连树皮、草根全都吃光,叛军攻入睢阳时,全城六万人,只剩下四百个皮包骨头的士兵。张巡、许远虽然没有守住睢阳,但他们却有效地牵制了大批敌军,使战火没有蔓延到江淮。江淮一直控制在朝廷手中,唐朝官军的物质供应得到了可靠保证。

安禄山在至德二年(757)被儿子安庆绪所杀,安庆绪为了笼络父亲的好友史思明,封他为范阳节度使,统领叛军的大本营。史思明拥有的兵力强大,范阳是叛军的基地,自叛乱以来又从各地运来大量的财富,财大气粗的史思明并不把安庆绪放在眼里。

叛军内部的分裂和南部战场的顽强抵抗,给西北的官军创造了机会,至德二年(757)的九月和十月,在回纥骑兵的帮助下,唐朝收复了长安和洛阳。朝廷向回纥借兵,条件是攻克两京,土地士民归唐,金帛女子归回纥。长安攻下后,太子李俶跪在回纥可汗的儿子叶护的马前，请他到洛阳再履行协定。长安躲过了一场劫难，洛阳却无法幸免。洛阳攻下后，回纥在城内抢劫三天，洛阳老百姓，又给回纥军人送了一万匹锦作礼品才算了事。

唐肃宗在灵武称帝时，就把章奏军符交给宦官李辅国主管，收复长安之后李辅国统领禁军，皇亲国戚都称他为五郎，宰相甚至呼他为五父。由于宦官的专权，在前线作战的将军处处受到牵制，使官军对

中兴名将郭子仪

叛军的作战进展十分迟缓。乾元元年（758）九月，长安已经收复了一年，朝廷才派郭子仪、李光弼向安庆绪发动进攻。史思明前来救援，乘机将安庆绪杀死，自己在范阳当起了大燕皇帝。上元元年（760）的九月，史思明又从唐军的手上夺走了洛阳。第二年史思明又被儿子史朝义所杀，叛军再一次更换头领。

宝应元年（762）四月，太上皇李隆基在长安去世，死时七十七岁。

玄宗从四川归来之后一直住在他喜爱的兴庆宫，死的前一年为李辅国逼迫，住进了称为西内的太极宫，身边唯一的忠臣高力士也被李辅国流放。风流倜傥的唐明皇和姚崇当年在长安郊外的猎场筹划治国方略，转眼已经是半个世纪前的事情，那时候他何曾会想到，自己的晚景会如此的凄凉。玄宗死后第三天，

肃宗因病在大明宫去世，大唐的第六代君王连头带尾只做了七年皇帝，而且又是在安史之乱的动荡之中。和玄宗、肃宗同一年去世的还有唐朝大诗人李白，风流天子和浪漫诗人同年去世虽然是个巧合，但却预示了盛唐时代的结束。

马嵬之变

宝应元年（762），肃宗死后太子李豫登位，他就是历史上的唐代宗。代宗登位那年三十六岁，也算是年富力强，但宦官李辅国却公然对他说："大家但居宫中，外事听老奴处分。"老奴给两个大行皇帝安排好了后事，就于下一个月当上了司空兼中书令，也就是大唐的宰相——以宦官当宰相，在历史上还真只有这一次。但不到半年，代宗就派人将李辅国暗杀。十月，唐朝又一次靠了回纥骑兵的力量收复了东都洛阳，第二年史朝义败逃，自知穷途末路上吊自杀。

从天宝十四载（755）十一月安禄山起兵，到广德元年（763）正月史朝义败死，安史之乱先后经历了七年，唐朝人终于盼到了太平的日子。诗人杜甫的《闻官军收河南河北》："剑外忽传收蓟北,初闻涕泪满衣裳。却看妻子愁何在?漫卷诗书喜欲狂。白日放歌须纵酒,青春作伴好还乡。却从巴峡穿巫峡,便下襄阳向洛阳。"写的就是得知安史之乱平息后的喜悦心情。

第七章
安史之乱后的唐朝

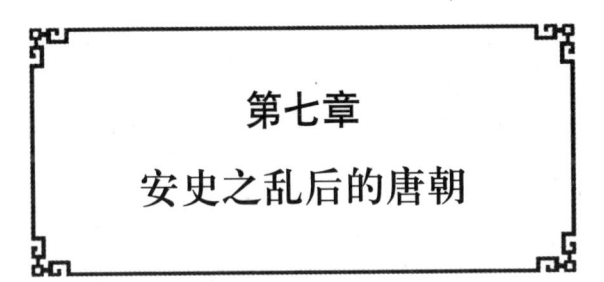

1. 富者兼地数万亩

唐玄宗天宝十三年（754），朝廷控制的户籍达到将近九百万的峰值，但到了代宗广德二年（764），也就是官军收河南河北之后的第二年，朝廷统计的户籍却下降到了二百九十三万，比十年前减少三分之二。即使在安史之乱以后一百年间，唐朝中央政权控制的农户，大致也都在二、三百万间徘徊，只有在唐武宗会昌五年（845），由于取缔了大量的寺院，户籍才一度上升到接近五百万户。

汾阳王郭子仪在平定叛乱中立下了极大功劳，唐代宗对他尊重又害怕，就是这个功高盖主的大帅，在今天陕西眉县附近占有的私田方圆就有百余里。唐德宗时有人说当时"富者兼地数万亩，贫者无容足之地"。从这句话可以看出地主庄园的出现，是和农民丧失土地，或者说均田制的破坏同时发生。

隋唐的繁荣是建立在数百万个体农户的基础之上，因为曲辕犁和其他农业工具的发明和推广，以五口之家为单位的小农经济显现出一派繁荣景象。但是个体的农民就好像是汪洋里的一条小船，随时都有被风浪颠覆的危险，所以在农业社会贫富的两极分化，几乎是不可避免的事。

唐朝前期是小农经济的黄金时代，然而政府的均田令虽然以行政手段保障了个体农户的生产资料——土地，使他们不至在封建经济的汪洋大海中迅速覆灭，或者说一批小船翻了，政府又会通过授田和收田，制造出一批新的小船。但均田制分配给农民的，只是战争中荒芜的土地，并没有触动地主的私有土地，所以一开始唐朝的均田制就是不彻底的，尤其是在原来农业经济发达的狭乡，农民从来没有得到过足够的土地。随着人口的增加，政府放松了对土地买卖的限制，个体农民的两极分化，以及官僚地主对个体农民的兼并都在日益加快。

农民渐渐沦为佃农，他们用自己的农具在地主的土地上劳动，将收获的粮食一部分交纳地租，另一部分留给自己。这是一种新的社会结构，这时的地主不同于过去的士族地主，他们不需要掌握基本的生产工具，也不需要通过庄园，组织农民进行大规模的生产。而农民也不同于魏晋南北朝地主庄园上的部曲，部曲和士族地主通常有着血缘关系，也就是说他们原是同一族姓。部曲的地位有点像西欧的农奴，他们没有人身自由，平时生产，战时还要为保卫庄园作战。而均田制瓦解以后出现的佃农，和地主的关系是建立在契约基础之上，所以地主称为庄主，佃户称为客户。客户只是租赁土地，地主除了收租之外并不用为生产操心，所以他们可以放心地生活在城市，只需派管家照看田庄按时收租。由于佃户是向田庄承包土地，粮食按收获多少和地主分成，所以他们精耕细作，在生产上颇费心血。由此一来农业渐渐出现了集约化的生产，越是狭乡（田少人多），粮食的单位产量也越高。

总而言之，从北魏孝文帝推行均田以来，农业生产由集中逐渐走向分散，也就是说大规模的庄园经济，日益被分散的个体农业经济取代。而唐代农村又开始出现大地主的庄园，但庄园主只是集中了土地的所有权，土地的使用者仍然是一家一户的个体农民，所以表面上看隋唐又恢复了东汉的庄园，但实质上隋唐的庄园经济，和东汉以来的士族地主庄园，不是同一层次。

上面所说的既是社会结构也是经济结构的变革，它的进行是一个漫长而且渐进的过程，就好像茶杯里积满了茶垢，但你并不知道它们是在何时积聚而成。然而，安史之乱的爆发是一场政治剧变，虽然它的发生有着许多偶然的因素，比如胡族出身的安、史二人的民族观念，杨国忠与安禄山的私人恩怨，但事变发生后整个社会的走向，却反映了当时社会早已存在的各种矛盾。或者说，隐藏在盛事繁荣背后的各种社会问题一下子被端到了前台，于是正在缓慢形成的新的经济结构，不仅变得公开而且发展更加迅速。所以在叛变平定之后，才会出现人口急速下降，事实上这一统计上的变化，表明了土地和农民已从朝廷转到了官僚大地主的手里。而庄园经济的迅速发展，正是安史之乱后，唐代社会最显著的变化，它标志了一种新的经济形态的产生。唐代的庄田既不同于均田制下的小农经济，也不同于东汉以来豪族地主的大庄园经济。

新的社会经济结构既然已经产生，老的制度就必然不能原封不动地继续存在下去。前面已经说过，封建社会的一个基本公式是财富＝土地＋农民，秦汉和隋唐的中央集权制，是以朝廷直接控制土地和农民来掌握社会财富的。现在农民和土地都被地主控制了，如果继续向农民征收赋税、征发徭役，自然也就行不通了，或者说过去的租庸调制和府兵制再也无法执行。府兵的瓦解与募兵的出现前面已经说过，经过了安史之乱，唐朝的地方又出现了由节度使掌权的藩镇，藩镇将领其实就是新的庄园地主利益的代表。唐朝中后期的一百多年，朝廷正是通过与藩镇的妥协才得以维持其统治，而当某一个或几个藩镇威胁到朝廷的利益时，朝廷仍然有力量使其就范。这就是唐朝的中央集权尽管一波三折，仍然能延续生命的原因。

唐朝的基本国策始终都是以关陇士族地主为中心，调和各政治集团的利益。而新的社会结构是排斥士族，或者说排斥中古的贵族统治，所以隋唐时代的结束，也就像它的出现一样不可避免。继之而来的是一个大地主掌权的，以中小地主为基础的近古社会，当然这种社会直到宋元以后才会真正出现。

2. 吐蕃与回纥

中原王朝与周边民族建立广泛的联系，是隋唐盛世繁荣气象的一个方面，但安史之乱后随着唐朝国力的衰落，唐与强大的吐蕃和回纥的关系也发生了根本性变化。

安史之乱刚一结束，吐蕃就发动了对唐朝的战争。唐朝在这场战争中的失利，是代宗重用宦官引起的。皇帝没有权威就不敢重用朝臣，皇帝不用朝臣只好以身边的奴才为心腹。唐太宗时规定宫中宦官不设三品以上的官职，但玄宗时候高力士权力已经很大，不过高力士只是玄宗的忠实奴仆，要说威风也只是狐假虎威而已。自肃宗以来军权落入李辅国手中，代宗做皇帝后，虽然摆脱了"大家但居宫中，外事听老奴处分"的宦官宰相，但是去了李辅国，又来了个更坏的宦官程元振。他虽然没有当宰相，也当到了骠骑大将军，无论朝臣外官只要得罪了程元振，轻则罢官重则处死。

朝臣把程元振恨得要死，但军国大事都在他的掌握之中，即使像吐蕃军队在边境大规模集结这么大的事，皇帝也不清楚。吐蕃在太宗时曾有文成公主和亲，后来中宗时又把金城公主嫁到吐蕃，做了吐蕃赞普赤德祖赞的妻子。但安史之乱以来，唐蕃关系不及从前，双方为了争夺通往西域的交通路线，发生过多次军事冲突。代宗广德元年（763）七月，由于宦官程元振的专权，吐蕃二十万大军攻入了陇西地区，十月吐蕃已经打到了长安附近，代宗这才知道实情。等吐蕃逼近京城不到百里时，他只好学祖父玄宗皇帝一走了之。

广德元年十月十四日，吐蕃骑兵占领了长安，都城丢失对大唐王朝来说，已经是第二次。吐蕃进京立皇室成员李承宏为皇帝，因为他是下嫁吐蕃的金城公主的近支，所以才被吐蕃拥立。平定安史之乱功劳卓著的郭子仪已经很久没有领兵，得到京城沦落的消息，他很快出山。吐蕃也并未打算久留长安，掠取了财物工匠和男女之后，他们便主动撤走。

大约在九世纪吐蕃的力量开始衰落，那时他们已经没有能力向外扩张。唐穆宗长庆元年（821），唐和吐蕃缔结了和约，并立碑为证，后世称之为《唐蕃会盟碑》，又叫《长庆会盟碑》，至今碑还矗立在拉萨大昭寺的门前。唐武宗会昌三年（843），吐蕃内部发生了权力斗争。在吐蕃内乱时有个叫张议潮的人，于唐宣宗大中五年（851）发动起义，使河西陇右地区摆脱了吐蕃的统治，重新归入唐朝的版图。吐蕃的内乱也为本土奴隶起义创造了条件，在大规模起义打击下，吐蕃的政权开始瓦解，西藏由奴隶制社会，进入了分裂的封建时代。

广德元年（763），吐蕃攻陷京城长安的事刚刚结束，唐朝叛将仆固怀恩又和回纥、吐蕃联合，发动对唐朝边疆的进犯。由于郭子仪和回纥大帅结盟，分化了回纥和吐蕃的反唐联盟，才使回纥军队退兵。

　　回纥是现代维吾尔族的祖先，南北朝时候的赤勒和他们是同一种族。回纥人在隋朝末年还处在氏族阶段，他们当时受突厥人的统治。唐朝初年随着东突厥的灭亡，回纥日渐强大。唐太宗时，回纥和唐朝联合打败了薛延陀人，此后回纥归顺了唐朝，成为唐朝燕然都护府的一部分。唐朝开元年间，回纥首领骨力裴罗实现了回纥的统一，建立了北方最大的少数民族政

唐蕃会盟碑

权。骨力裴罗曾派使臣入唐，天宝三年（744）玄宗封回纥首领为怀仁可汗。

安史之乱时，回纥曾两次派兵助唐朝平叛。不过代宗朝回纥骑兵在帮助平定安史之乱后，也曾对长安进行过骚扰。但唐和回纥的关系基本上是友好的，唐朝先后册封过十五个回纥可汗，前后又有三个唐朝公主嫁给回纥可汗。八世纪中叶，吐蕃切断了通往西域的道路，回纥成了东西贸易的主要通道。由于回纥商业经济的发展，商人和传统的畜牧主之间矛盾激烈，结果黠嘎斯人（即吉尔吉斯人）于唐文宗开成五年（840）乘机南下，消灭了回纥汗国，回纥人后来分成三支过着四处迁徙的生活。

3. 德宗朝的财政

唐朝的第八代君王，代宗李豫在位十六年，其中十四年以"大历"为年号。伟大诗人杜甫死在大历五年（770），写《枫桥夜泊》的张继也是在大历后期去世。大历年间涌现过写下"春城无处不飞花"的韩翃、写下"月黑雁飞高，单于夜遁逃"的卢纶等一批优秀诗人，他们和另八位闻名诗人，被称之为"大历十才子"。世界上第一部茶叶的专著，陆羽《茶经》的问世，也是在大历年间。

大历十四年（779）五月，五十二岁的代宗去世，太子李适继位，他就是历史上的唐德宗。唐朝的第九代君王上台时只有三十七岁，精力充沛人也聪明，面临的政治局势已不像代宗朝那样的动荡，于是便想重振朝纲，恢复大唐皇帝的权力。

德宗上台做的第一件事，就是任命理财专家杨炎为宰相。杨炎首先从宦官手里夺回财权，原来唐朝的赋税全都要入左藏库，其出纳须经尚书省审核，和皇室私库大盈库是严格区分的。代宗时由于一些权贵滥支国库的财物，大臣第五琦提出将左藏库并入大盈库。于是国库的管理落入了宦官之手，朝臣不得过问，因此也就无法规划天下财政。杨炎夺回了财权，又于建中元年（780）推行两税法，这是中国财政上的一件大事。

前面已经说过，安史之乱以后唐朝的社会经济结构发生了显著变化，土地和农民从朝廷转移到了官僚地主的手中，向庄园地主征税，就成为解决朝廷财政问题的关键。两税法废除了过去按丁口计算赋税的制度，实行按资产和田亩交税，这样一来不仅自耕农民要交税，商人、地主和官吏都成了征税的对象。两税交纳的主要还是实物，但废除了以劳役代税的旧规，农民不再承担定期的徭役，就有了更多自由支配的时间，这也是一种历史的进步。另外两税法实行的是地方份额制，也就是说朝廷并不对各地的税收实行直接的控制，但地方必须按一定的数额，定期向朝廷交纳赋税。这一规定缓和了中央与地方在财政上的矛盾，同时也使地方的自治合法化。

杨炎独揽大权，对财政改革做出了贡献，但公报私仇迫害另一理财专家刘晏，却是他政治上的污点。刘晏在代宗朝提出改革盐税，使江淮的盐税从四十万缗上升到六百万缗。刘晏当宰相后，全国的财政收入又从开始的四百万缗增加到一千万缗。刘晏认为理财首先要选好人才，他用精明廉洁的文人管账，只许胥吏负责具体的账目登记。刘晏常说，文人贪污会遭上流社会的唾弃，对他们来说名誉比钱财更重要，所以文人更能自律；胥吏即使廉洁也得不到社会荣耀，所以他们更看重实际的利益，结果这种人贪污也多。杨炎和刘晏都擅长财政管理，但他们之间很早就有矛盾，杨炎得势便诬陷刘晏。刘晏被害引起朝臣的不满，杨炎推诿责任，说处死刘晏的决定是皇帝做的，德宗因此对他产生不满。后来德宗用卢杞为宰相，史书上说他是个玩阴谋诡计的行家里手，杨炎又被卢杞诬陷而死。

德宗在解决财政问题上，取得了一些成绩，但史书上也有人批评他贪婪爱财。因为德宗竭力想增加国库的财富，所以对两税法的弊病往往不加过问，其中最严重的弊病，就是当时货币极为短缺。原来两税的核算是以货币为单位的，每年的纳税又要根据物价，折算成实物。如果物价能够反映商品的供需关系，这样做原本不是坏事。物品多的时候价格必定低，所交的实物也多，相反则可少交实物。但当时货币奇缺，物品价格特别贱，这样一来就使纳税人深受其害。

唐德宗李适

德宗除了用杨炎改革税制，也想对不肯服从朝廷的藩镇用兵，但德宗非但没有达到目的，反而引出了一场地方节度使攻占京城的兵变。建中四年（783），德宗调泾原节度使的军队到关东作战。泾原兵的驻地在今天甘肃一带，他们经过长安时正好遇上雨天，而朝廷犒劳军人的只有糙米和蔬菜。朝廷的做法激起了泾原兵的不满，他们掉过头杀进了长安。德宗调禁军应战却没有人上前来报到，结果德宗只好带了妃嫔、太子、公主等逃离长安。这已经是唐朝建立以来第三次丢失京都。泾原节度使朱泚入长安后，就住进了大明宫的含元殿，自称大秦皇帝。虽然朱泚叛变只有半年就被平定，但德宗经过这次事变，对于藩镇只好一味姑息。

德宗在位二十四年，贞元二十一年（805）元月死时，已六十四岁，皇位传给了太子李诵，也就是历史上的唐顺宗，因此这一年又称永贞元年。顺宗二十一岁被立为太子，一直到四十五岁才当上皇帝，但在他当皇帝的前一年，却生了一场大病而成了哑巴。尽管顺宗成了哑巴，但当太子的时候身边已经网罗好了一批雄心勃勃的人。所以才一上台，他就在左右的帮助下，紧锣密鼓地开始革除前朝的弊政。

为顺宗改革出谋划策的是王叔文和王伾，德宗朝宦官借宫中购物为由在京城里四处敲诈勒索，宫里为饲养雕、鹘、鹞鹰、狗专门设五坊小儿，这些危害极大的弊政都被王叔文他们取消。但因为宦官的反对，二王的改革很快就以流产告终，王叔文被杀，王伾及柳宗元、刘禹锡等参与者全都被放逐到了边远的地方。现在的历史学家对永贞改革评价很不一致，有人认为这是一件值得肯定的事情，但也有人说二王只是蹩脚的政客，为官又很贪婪，遭到失败并不足怪。由于二王的失败，顺宗也只做了七个月皇帝,就把皇位传给了太子李纯,自己当起了太上皇。屈指算来顺宗已是唐朝的第十代君王,他也是唐朝过去一百八十七年里,称太上皇帝的第四人。

4. 宪宗与藩镇的较量

宪宗李纯登位只有二十七岁，和当年太宗、玄宗皇帝上台时一样的年轻，一样的精力充沛。宪宗元和年间（806—820）的唐都长安仍然保持世界都市的地位。日本第十七次遣唐使藤原常嗣在宪宗登位的前一个月（805年的农历六月）刚离开长安回国，同在那一年回国

唐宪宗李纯

的还有著名的学问僧最澄，他将很多中国书法碑帖，包括王羲之的《十八帖》和欧阳询、王献之的书法拓片带回了日本。空海比最澄迟一年回日本，回国后他根据汉字草书的偏旁，创造了日文的"平假名"，佛教的密宗也是由空海传到日本。

元和年间的唐朝之所以能吸引海外人士，不仅因为繁荣，还因为有着良好的文化氛围，大诗人白居易的写作就是在那个时期，所以白居易、元稹等人的诗体被称为元和体。明白浅显是元和体的一大特色，这种诗的读者不仅仅是文人士大夫，就

连放牛走马之徒也在传唱，史书上说甚至在庙宇旅店的墙上，都抄满了元和诗人的诗，可见通俗诗歌在那时候是多么受欢迎。

唐朝开国到元和年间已经有近二百年的历史，民间的诗歌普及，靠的就是长时间的文化积累。但唐王朝的统治自安史之乱后就已经在走下坡路。代宗和德宗两朝全国有四五十个藩镇，最强大的河朔三镇，实际上已经是针插不进水泼不进的独立王国；中原的藩镇是在平定安史之乱的战争中壮大起来的，它们的存在对河朔三镇起到了抑制作用，但它们又常常与朝廷对抗；朔方节度使的部队是平定安史之乱的主力，叛乱平定之后朔方军镇守在西部边疆，防卫吐蕃、回纥的入侵，而朔方镇的军饷则主要依靠朝廷的供给；朝廷在军事上依靠西部的朔方镇，在经济上主要依靠江浙一带的藩镇，这里经济相对繁荣，节度使的兵力也相对薄弱，他们对朝廷也比较依从。

除河朔三镇外，唐朝的藩镇都按与朝廷事先的协议处理地方税务，有的藩镇将地方需要以外的部分交给朝廷，有的藩镇地方税收不足，中央还要从他处调拨来进行弥补。藩镇的出现固然削弱了唐朝中央集权的统治，但唐代的藩镇只是相对有了更多的权力，他们与东汉以后的军阀割据仍然有所区别。然而藩镇可以自己设置官吏，甚至藩镇节度使死了，也由藩镇内自行产生新的节度使，这种情况在德宗统治的时候已屡有发生，自发生了朱泚攻占长安的事变之后，朝廷对藩镇往往只好采取妥协的态度。

但是年轻的宪宗登位以后，则重用杜黄裳、李吉甫等人，转而以强硬的政策对付不肯听命于朝廷的藩镇，并且在这场最后的较量中占据了上风，所以史书上便把宪宗统治的十四年，称之为"元和中兴"。

永贞元年（805）宪宗刚即位，西川节度使病故，负责财务的官吏刘辟向朝廷提出，让自己接替节度使的空缺。益州和扬州是朝廷财政的命脉所在，如果让扬、益也仿效河朔三镇，听任他们专横跋扈，唐朝统治就将面临灭亡。但宪宗的地位还不稳定，只好暂时任命刘辟为代理节度使，那时候叫做"知节度使事"。但刘辟并不满意朝廷的让步，进而提出要兼管整个的四川地区。宪宗断然拒绝了刘辟，于是元和元年（806）刘辟发兵攻打东川。宪宗接受杜黄裳和李吉甫的建议派兵进攻四川，将刘辟逮到京城处死，这是宪宗和藩镇较量取得的第一次胜利。

刘辟败亡，引起了浙西节度使李锜的不安。李锜为了试探朝廷对自己的态度，故意提出回京城的请求。浙江在经济上对于朝廷比四川更加重要。宪宗一口答应李锜回京，李锜见朝廷不买他的账，便挑动手下发动了兵变，宪宗立即下令淮南节度使出兵攻打李锜。不久李锜也被抓到长安。

宪宗打了几次胜仗后更加热衷于政治，但宰相杜黄裳认为皇帝的任务主要是选好人才，用人不疑、疑人不用，不应该学习秦始皇、隋文帝事必躬亲。皇帝身边总有几个溜须拍马的，有个宦官说皇帝应该给自己树块"圣政碑",碑树好了宦官去请翰林学士李绛题写碑文。李绛对宪宗说:"历史上最爱给自己树碑立传的是秦始皇,他留下了许多自吹自擂的纪功碑,千百年来一直被人当作笑柄。尧、舜、禹以及周朝的文王武王都不曾给自己竖碑,然而他们的伟业却能与天地共存、日月同辉。由此可见,真正的伟大是不能用有限的文字描述的……。"李绛的一番话使爱虚荣的宪宗立刻改变了主张,他赶忙下令将那块巨碑放倒,据说放倒"圣政碑"共用了上百头牛。史书上说李绛是个敢于犯颜直谏的骨鲠之士,但他批评皇帝的话很策略,也很圆滑。

宪宗元和九年(814),淮西节度使病死,儿子吴元济接替军务。淮西是个战略要地,如果朝廷失去对这里的控制,扬州的财物就无法运往长安,所以宰相李吉甫临死前还一再关照宪宗,要乘现在有利时机夺回对此地的统治,因此宪宗决计对淮西用兵。

淮西的北面也就是今天山东境内,当时由淄青节度使李师道控制。李家祖孙三代一直把持着这块地盘,如果淮西兵败,李师道知道自己的势力范围必然会遭到威胁,但他也不敢公然支持淮西,因为直接帮助吴元济,说不定会引火烧身。于是李师道便派遣了一批批刺客,潜入洛阳长安进行恐怖活动。李师道的刺客先在河南烧毁了一座仓库,后来又在长安刺杀了主战派的宰相武元衡。那时候大臣们天不亮就要赶到宫里上早朝,刺客们趁着天色昏暗在宰相的家门前作案,并且取走了宰相的头颅，武元衡的心腹裴度也在同一天遇刺受伤。元和年间这一桩以刺客谋杀宰相的大案，在中国古代的历史上还实在少见。后来李师道组织的恐怖活动，甚至放火焚烧了唐高祖李渊陵墓的寝殿，又折断了肃宗陵墓门前的四十七只门戟。但李师道的阴谋并没有得逞，宪宗很快任命裴度为宰相，允许他携带相印前往淮西指挥作战。元和十二年（817）十月十四日，大将李愬率领大军冒着大风雪，连夜行军六十余里，向吴元济所在的蔡州（今河南鲁阳）发动突然袭击。由于天气寒冷，路上冻死了很多的人马，但官军已有三十多年没有到过蔡州，李愬挑的又是这么个风雪交加的夜晚，所以他的军队攻入城中，蔡州的守军竟全然不知。等鸡鸣雪止李愬来到吴元济宅外，他还以为别人在和他说笑话，淮西就这样被朝廷平定。元和十三年（818），不可一世的李师道也被手下杀死，此后河朔三镇对朝廷也比从前恭敬了许多。

藩镇对朝廷俯首听命，表明唐王朝统治力量的加强，这是安史之乱以来从未有过的强盛，但藩镇的力量并没有因此被根除。淮西平定之后，宪宗大概以为唐朝廷真像太宗、玄宗时那样的强大，他的生活越来越奢侈，因为相信方士，吃了很多丹药，脾气变得十分暴躁。

元和十五年（820）正月，宪宗暴卒，死时只有四十三岁，当时有人说他因服丹药中毒而亡，但也有人说他是被宦官害死的，参与谋害宪宗的还有皇后和他儿子李恒。

5. 穆宗和他的三个儿子

宪宗死后，太子李恒即位，他就是历史上的唐穆宗，登位时二十五岁，年号为长庆。

穆宗做太子的时候就很欣赏书法大家柳公权写的字，登基当了皇帝，他召柳公权入宫，问他字何以写得出神入化，柳公权回答说："写字要用心，心正笔才能正。"穆宗兴趣广泛，但就是不肯用心朝政，大臣们都批评他贪恋狩猎，柳公权讲书法其实也是在规劝皇帝。穆宗让柳公权留在自己的身边做侍书学士，柳公权进宫时只有四十二岁，他一直到唐懿宗咸通（860—873）初年才退休，死时八十八岁。唐文宗在位时（836—840）曾让柳公权在内殿的墙上题诗，宣宗时（847—859）柳公权又曾在御前表演书法。王公大臣都教子弟学习柳公权的字体，当时若字写不好便会被人耻笑；凡外邦来朝见唐朝天子，礼品中往往要附带一笔钱，为的是换取柳公权的墨宝。柳公权很有钱，据说有一回管家盗卖了家中一箱银餐具，但外面的封条却伪装得像没有动过一样，柳公权发现后只是淡淡一笑说："这些银器恐怕都羽化成仙了。"柳公权虽对钱财不在乎，但却非常爱惜自己的笔墨文稿，每次存放都要小心收藏亲自加锁。柳公权是颜真卿以后最著名的书法家，他的《玄秘塔碑》至今还为学书法的人所临摹，不过这些都是后话，我们还是来说唐朝的第十二代君王——穆宗皇帝。

穆宗在位时还提拔过一位著名的诗人，他就是与白居易齐名的元稹。穆宗知道元白的诗也是在做太子的时候，因为他俩的诗常被宫女演唱，等穆宗做了皇帝，又有个和元稹熟悉的宦官将诗人的数百首新诗，献给了对文学极感兴趣的皇帝。穆宗不等读完就向宦官打听元稹的下落，当他知道元稹只是个膳部员外郎时，立即提升他为祠部郎中、知制诰。"知制诰"是为皇帝起草诏书的要职，这项任命很快引起朝臣们的非议。大臣们所以不满，不是因为元稹没有学问，相反元稹作为诗人早已闻名遐迩，但朝臣们认为元稹走的是宦官的后门，再加上过去给皇帝起草诏书的，都是进士出身的翰林学士，而元稹并没有考过进士。由这件事也可以知道，到了唐朝的中后期，参加科举对于做官已经非常重要，所以元稹虽然能写一手好文章，但朝臣们还是认为他没有资格任知制诰。

穆宗其实只做了四年皇帝，长庆二年（822）十一月他与宦官一起打马球时受惊得了风病（中风、脑溢血或脑血栓），从此脚就不能下地，朝政大权因此都落到宦官王守澄手中。由于政治腐败，河朔三镇和其他地方的节度使又开始拥兵自重，宪宗元和年间好不容易扭转的局面又遭到了破坏。长庆四年（824）

穆宗病死，在之后的二十二年，穆宗的三个儿子相继登位。

首先继承皇位的是太子李湛，他就是历史上的唐敬宗。敬宗完全是个贪玩的少年，登位时只有十六岁，喜欢打马球，也喜欢"手搏"。小皇帝身边养了不少大力士，上台不到一个月，就在宫殿里和宦官力士一起击球，太阳升得很高他还不出来早朝，文武百官只好站在宫门外等候，年老体弱的大臣站得几乎要摔倒在地。敬宗宝历二年（826）十二月初八，小皇帝外出打猎直到半夜回宫，又和左右饮酒作乐，宦官乘他酒醉将他杀死。

敬宗死后，宦官中间的两派相互残杀，结果王守澄一派获胜，他们又拥立敬宗的哥哥、穆宗的第三子李昂为皇帝，他便是历史上的唐文宗。

文宗上台也只有二十岁，但他很想有所作为。当时朝廷面临的麻烦，主要是藩镇跋扈和宦官专权。其中宦官专权对皇帝的威胁更加直接，宪宗和敬宗都是为宦官所杀，宪宗、穆宗、敬宗以及文宗自己又都是宦官拥立，他们当时掌握了十五万禁军。文宗大和二年（828）朝廷考进士，有个叫刘蕡的写了篇言辞激烈的应考文章，揭露宦官专权的严重危害，认为"社稷将危，天下将倾，海内将乱"。主考官怕得罪宦官不敢录取刘蕡，当时的文人则觉得刘蕡的文章大快人心，刘蕡后来虽然没有能在朝廷做官，但他在当时很受人尊敬，有节度使请他去做幕僚。

文宗虽然也看到刘蕡所说的问题，但要清除宦官的势力，在朝廷他却找不到可依靠的人。自宪宗元和年间以来，朝廷大臣就分为了两派，一派以牛僧儒为首，另一派以李吉甫和他的儿子李德裕为首。牛李党争是派系斗争，牛党掌权就竭力排挤李党，李党上台也照样如此。文宗觉得很是头疼，说"去河北贼易，去朝廷朋党难。"后来的历史学家们对于牛李党争各有褒贬，有人说牛党是庶族地主的代表，而李党则代表了士族大地主的利益。但也有历史家认为李德裕主张打击藩镇，他所做的事比牛党可取。

且不论牛李二党孰是孰非，反正文宗对他们都不信任。文宗用不参与党争的翰林学士宋申锡为宰相，和他秘密商议清除谋杀宪宗、敬宗的宦官，但不慎走漏了消息，结果因宦官诬陷，皇帝反而杀了宋申锡。既然皇帝自己物色人选不成，文宗索性用宦官推荐给他的谋臣为心腹，此人就是为宦官王守澄设计陷害宋申锡的郑注。郑注出身寒门，原本姓鱼，等他受文宗重用之后，一些瞧他不起的人背后称他为"水族"。郑注精通医道又有智谋，他用黄金入药治好过大将李愬的风湿病，后来又到了宦官王守澄手下。王守澄推荐给文宗的还有李训，也受到文宗的重用。大和八年（834），文宗以李训为宰相，以郑注为凤翔节度使，与他俩共商消灭宦官的大计。

大和九年（835）十一月二十一日，文宗在紫极殿朝见大臣，左金吾卫大将军报告说，在左金吾仗院石榴树上发现了甘露。古人认为天降甘露是一种吉祥的征兆，大臣们上前给皇帝祝贺。李训奉命先去查看，回来后则对皇上说："我看不太像甘露，还是查清楚了再对外面宣布才好。"皇帝又命令宦官前去查看。陪伴宦官前去的近卫军头领进了营地后神色慌张，宦官觉得苗头不对，忽然一阵大风吹起了营中的幕帐，宦官发现内有埋伏赶忙逃了出来，回到朝堂匆匆将文宗挟制回内宫，然后把宫门紧紧关上，宦官得以死里逃生高兴得连连呼喊万岁。李训知道除掉宦官的计划已经失败，连忙换了件小官吏穿的绿袍，嘴里故意喊着"我有什么过错要贬我的官"，边喊边逃出了皇宫。李训和郑注策划的这场消灭宦官的政变就这样失败了，这就是历史上著名的"甘露之变"。

甘露之变以后，宦官命神策军去中书和门下两省，以及尚书省的各部衙门追捕余党，凡没有逃出衙门的官吏衙役小卒，以及给衙门送午饭的小贩都被杀死，各衙门的印章、账目、文件和各种器物也被席卷而去。李训逃到半路被抓获，他怕落入宦官的手里受折磨，让押解的人将自己斩首，郑注也在事变失败以后为手下所杀。

文宗在甘露之变后，事实上已被宦官集团软禁，宦官们经常出言不逊，文宗也只好忍气吞声。文宗原也喜欢击球，但事变之后，宫中举行的球赛比从前减少了一大半。虽然宫内的宴会还是照常，但皇上看艺伎的演出很少露出笑脸。文宗喜欢独处，常常呆呆地远眺，左右的人常听到他自言自语。有一回他在上林院看牡丹，情不自禁地念道："折者如语，含者如咽，俯者如愁，仰者如悦。"念完才知道这是参与甘露密谋的大臣舒元舆写的诗，文宗叹息一声，顿时泪流满面。

开成二年（837），文宗和书法家柳公权等人在便殿闲聊，皇上举起衣袖对众人说："这件衣服已洗过三次。"众人都赞美皇帝节俭，只有柳公权不说话。文宗追问之后柳公权才说："贵为天子，富有四海，应当进贤良，退不肖，纳谏诤，明赏罚"，只有这样，政治才能昌明，至于穿旧的衣服，不过是细枝末节，用不着夸耀。其实文宗被宦官捏在手心，对朝政没有多少权力，只是由于藩镇施加压力，要宦官集团交代甘露之变真相，宦官才有所收敛，宰相也多少有了一点权力，文宗也稍微像个皇帝。所以听了柳公权的话之后，他便封柳公权为御史大夫。开成五年（840）正月初三文宗病死，享年三十三。因宦官仇恨文宗，所以在他死后，许多受过他宠信的人被杀，当时在长安的日本僧人圆仁曾在他写的书中记载文宗去世时的情形，据圆仁的说法，约有四千余人被杀。

文宗死后，穆宗的第五个儿子，文宗的弟弟李炎即位，改年号为会昌，李炎便是历史上的唐武宗。武宗也是个年轻皇帝，登基时只有二十七岁。武宗上台的第一个变化，就是过去从属于牛党的大臣失势，朝廷启用了李党的领袖李德裕为宰相。李德裕是宪宗朝名相李吉甫的儿子，在李吉甫得势的时候，李德裕不肯沾老子的光，这一点在当时很受赞誉，同时也为他日后当宰相积累了丰富的地方经验。牛党大臣虽然是李德裕的政敌，但当武宗打算处死他们时，李德裕还是再三地表示反对，并保住了他们的性命。李德裕善于调和各种人际关系，在他执政的时候，宦官的势力不像过去那样猖獗，这一时期藩镇发起对朝廷的挑战，也因李德裕善于联合其他的藩镇势力而未能得逞。会昌年间，回纥受到中亚黠嘎斯人的压迫，转而南下威胁唐朝的边境。李德裕一方面给回纥人送去了大批的粮食和布匹，另一方面则积极做好了战争的准备。在与回纥作战时李德裕的指挥非常成功，即使往常不与朝廷合作的幽州也参加了战争。武宗会昌年间（841—846）因为有上面一些成就，所以有的历史家认为，那几年也是宪宗之后唐王朝力量最强盛的时候。

第八章
唐朝的灭亡

1. 唐末宫廷与社会

　　唐宣宗是宪宗皇帝的第十三子，母亲原本是宪宗郭皇后的侍女，生母出身低下使他在宫里不为人重视。小时候宣宗常生病，性格又很古怪，皇家集会常常一言不发，文宗、武宗到皇子们集中的十六宅聚宴，常逼着他开口以此取乐，尤其是生性豪爽的武宗，对这位仅比自己大三岁的皇叔，更加没有礼貌。

　　宣宗其实是在装傻，以避免卷入各种宫廷阴谋。等他掌了权，立刻就将积压已久的愤恨发泄出来。他对父亲宪宗神秘的死亡一直留有深刻的记忆，虽然当时只有十岁。宣宗相信穆宗和郭太后对父亲的死负有责任，所以对郭太后很是冷淡。史书上说太后跳楼自尽未遂，宣宗得知后大怒，郭太后不久死去，有谣言认为宣宗可能对她下了毒手。

　　同样也因为早年屈辱的经历，宣宗对自己的母亲和同胞兄弟都很照顾。宣宗很想改变儿女们的社会地位，所以让宰相白敏中为他的女儿万寿公主做媒，嫁给了山东豪门郑氏家族。后来公主丈夫郑颢的弟弟得重病，宣宗派人前去探望，发现公主去了慈恩寺戏场，皇帝立刻让人把公主召入宫，责备说："哪有小叔子生病，自己倒去看戏的。"表面上看宣宗对子女管教很严，其实宣宗是怕豪门大族瞧不起他这个侍女生的皇帝。宣宗虽然对母亲郑太后很是孝顺，但郑家人粗俗没有教养，也一直使皇帝不满，甚至为此而感到羞辱。宣宗将长安附近一处庄园赐给舅舅郑光，郑光的管家骄横不法，租税拖欠了许多年不肯交纳。京兆尹（长安市长）将管家关押起来，宣宗问他："你打算如何处置？"京兆尹说："依照法律。"宣宗说："他可是国舅的红人。"京兆尹说："陛下交给我的任务，是清除京城的弊端，如果国舅家人可以宽大，陛下的法律就仅仅是为了处罚穷人，这样办事我可不敢。"宣宗将京兆尹夸奖一番，然后借他的手，也把粗俗的舅舅教训了一下。

宣宗上台的第二天，罢免了宰相李德裕，任命白居易的侄子白敏中为相，于是牛党又代替李党执政。宣宗信奉佛教，即位不久便下令恢复废除的寺院。进士孙樵说："老百姓男耕女织，尚且不得温饱，和尚尼姑住在豪华的寺庙中，穿着精致的衣服，吃着考究的饭菜。大约十户农民，才能供养一个僧人。武宗时十余万僧侣还俗，使百余万农户得以解脱，如今那些和尚又重新出家，请皇上早日下令阻止更多的人再入佛门。"直到大中五年（851），朝廷方才下令，对偏僻地方修建寺院加以限制。

宣宗未当皇帝时曾扮作平民，到江淮地区名山寺院访问，这使他对民间多少有所了解。宣宗即位之后表现出的才干，也使过去瞧不起他的人感到意外。他处理事情往往合情合理，朝见群臣也像对待宾客一样和颜悦色,谈完正事还喜欢和左右谈论宫里的游宴,聊聊市井闲闻。即使外出巡行,宣宗也随时体察民情。

有一回,他到北郊打猎遇到一群樵夫,便和他们聊天,问他们是哪里人、县令是谁、为政如何。打柴的说,县令办事很讲原则,县里抓到几个强盗,御林军来保取出狱,他竟不肯放人,而且将强盗全都杀了——高高在上的皇帝肯直接与平民对话,能问的大致也就是这么几句,但能和老百姓面对面谈上两句的皇帝,历史上实在少得可怜,所以史家记起来也就特别认真。宣宗回宫后将这个县令的名字写在纸上贴于寝宫的柱上,后来还将那个县令提拔为刺史,并问他是否知道受重赏的原因。县令回答不知,宣宗便给他看了贴在柱子上的纸片。有的历史学家说宣宗统治的十三年"国家粗安",旧史上甚至称宣宗为"小太宗"。他将记录官吏情形的纸片贴于墙柱,就是学太宗皇帝的做法,可见他极为推崇这位两百多年前的老祖宗。

宣宗把《贞观政要》置于案头时常翻阅,但宣宗大中年毕竟不是太宗贞观年可比,藩镇割据、宦官专权,社会矛盾不断加深。等到大中十三年(859),宣宗因服道士所炼伏火丹砂药性太猛,背上发疽而死。宣宗生前没有立过皇后,也没有确定继承人,他是怕大权旁落,也是怕引起皇位争夺。但他一死,宦官导演的皇位争夺战又再次上演,结果最不具备条件的长子李漼,被掌握禁军的宦官推上了皇帝的宝座,此人就是唐懿宗李漼，在位十四年，年号咸通。

懿宗是个反复无常、任性残忍的皇帝，他的穷奢极侈在唐朝历史上很是出名。懿宗喜欢音乐歌舞，平常在殿前伺候的乐工常在五百人左右。他每月都要举行十多次盛大宴会，听乐观优不知厌倦，给艺人的奖赏一出手就是上千缗。懿宗还喜欢旅游，每次出行扈从多至十万，开销无法计算。咸通十年（869），皇帝最喜爱的同昌公主出嫁，陪嫁钱五百万贯，还送了她一栋豪宅，宫中的财宝任她挑选去充实新居，新房的门窗全都用珍异装饰，井栏、药臼、食柜、水槽、锅盆碗瓢都是金子做的，甚至连筐篱畚箕也都用金丝编结。同昌公主出嫁只有二十个月就因病去世，懿宗怪罪御医，一口气杀了二十几个，又把被杀御医的家属三百多人关进监狱，后来宰相出来求情也无济于事。同昌公主陪葬用的衣物和玩物每一份都有一百二十车，其余送锦绣、珠玉等冥器的队伍排成三十余里，供送葬差夫的食物就用了四十头骆驼。为了让皇帝寄托哀思，乐工特意谱了首名为《叹百年》的曲子，由数百人伴舞，演员因在野外演出，从内库调了八百匹粗绸布当做地毯，那些舞蹈者的首饰也都由内库供应，演出结束后毯子上撒满了珠子。

皇帝挥金如土，官僚贿赂风行。有人向懿宗揭发宰相路岩的家人边某的财产可供军队使用二年，结果检举的人反而被贬了官。晚唐诗人杜荀鹤有首《再经胡城县》云："去岁曾经此县城，县民无口不冤声；今来县宰加朱绂，便是生灵血染成"，写的就是那时下层官吏贪赃的情形。生灵的血不只能染红贪官的朱绂，贪官还用它来买田地置产业。史书上说咸通年间有个县令严某，罢官以后在乡下建了个庄园，有良田万顷，树木成荫，花草与松柏交错，引泉成湖，堆土成山。仅仅一个罢了官的县令，就拥有万顷良田，失去土地的不只是农民，就连中小地主也不断有人破产。《北梦琐言》上记载咸通年有个外号唐五经的书生，常对人说败家子的三部曲：第一变为蝗虫——鬻庄而食；第二变为蠹鱼——鬻书而食；第三变为大虫，也就是老虎——卖奴婢而食。

　　破产的人越多朝廷的税收越是没有着落，正常的税收不到就会生出新的苛捐杂税。唐中后期的盐税就成了百姓的一项沉重负担。交盐税的虽然是盐商盐户，但增加盐税后盐价自然就会上涨，唐末的盐最贵要卖到每斗三百七十多文。盐价的上涨是因为征收高额盐税引起，因此偷税漏税、私下生产和买卖食盐屡禁不绝。官府为了杜绝私盐，制定盐法，德宗时贩卖一石私盐就要处以死刑，宣宗时盐法更加残酷——盐盗持弓者皆处死。这条法令也说明，唐朝的后期出现了武装的盐贩，后来发动农民大起义的王仙芝、黄巢都曾做过私盐贩子。官府杂税都是从人民生活的必需品上征收，盐自然是日常所不能少。饮茶到唐朝后期也渐渐成了普遍的生活需要，唐朝开征茶税的税率初为百分之十，后来增加到了百分之五十。甘露之变失败后被杀的那个王涯，执政时甚至推行过茶叶的官方垄断。为了取缔私人种茶，王涯将私人的茶树迁到官营茶园，并把百姓储藏的茶叶烧毁，所以宦官处死王涯，围观的长安老百姓拍手称快，还有人向他扔石块。

上层统治者中没有人看得到朝廷的前途，一片消极绝望的情绪，加速了唐朝统治集团的腐败，而普遍的贪污腐败，又进一步地加深了社会底层的危机。懿宗登位的大中十三年（859），浙东民众的武装起义就已经开始。懿宗咸通九年（868），桂林又爆发大规模的兵变，史书上说"唐亡于黄巢，而祸基于桂林"，就是说唐朝走向灭亡，肇始于桂林兵变。

2. 祸基于桂林

前面已说过，有"小太宗"之称的宣宗皇帝在位时，唐朝社会矛盾就已十分激烈。懿宗刚坐上皇帝的宝座，首先遇上的麻烦事，便是浙东发生的一场不大不小的起义。说不大因为那场起义前后只有八个月就宣告了失败，义军的主要活动范围也一直没有超过今天的宁波、绍兴一带；说不小因为唐王朝那时的财政来源，主要靠的就是江浙地区，所以浙东之乱一起，立刻震惊了朝野。

浙东起义为首的人叫裘甫，史书上说他原来姓仇，手下不过一百余人，他们于大中十三年（859）的年底攻下了象山。官军接连打败仗，吓得只好躲在明州城（今宁波地区）里不敢出来。原来朝廷怕江浙一带地方势力闹独立，断了自己最后的一条财源，所以这里的官军人数一向就很少，装备也很差。当裘甫他们攻打剡县时，能够应战的士兵只有二三百人，他们的铠甲生锈刀剑不再锋利，临时招募来的士兵又都是老弱病残，结果咸通元年（860）裘甫一战，几乎就把官军完全消灭，带队的三个唐将也都被义军打死。裘甫大获全胜，"山海诸盗及他道无赖亡命之徒四面云集"，义军很快就发展到了三万多人。可见在这之前，浙江一带已经有为数不少的逃亡者与被迫造反的人，裘甫不过起了点燃引信的作用而已。

朝廷派文官王式前去浙东镇压义军，此人有过与起义军作战的经验。他到浙江战场头一件事就是严肃军纪，宣布在他主持军政时，不准违纪、不许饮酒，对裘甫派往越州打探消息的人要严加防范。王式还利用被朝廷流放到浙江的回纥、吐蕃俘虏，组织起战斗力很强的骑兵。在作战前，王式下令把官仓粮食拿出来赈济贫民——有人认为仗还没有开始，先应当考虑储存军粮，而王式却认为，裘甫对老百姓最有吸引力的是他能给饭吃，如果官军也能给百姓饭吃，投奔裘甫的人自然会减少。王式确实是义军很凶狠的对手。咸通元年（860）八月，裘甫等被官军俘虏，宣告了浙东起义的失败。

浙东的起义不过是唐末大起义的开场锣鼓，真正的序幕到咸通九年（868）才正式拉开。

咸通九年在世界印刷史上也是个值得纪念的年份，那一年有个叫王玠的孝子为给父母祈福，雕印了一卷《金刚经》布施众生。王玠刻的经卷是中国现存最早的雕版印刷品，它对后世的影响远远超出了当时的意义。

咸通九年，也许很少有人知道，孝子王玠为父母刻了一卷《金刚经》，但关心国事的人无不知道，有个叫庞勋的小判官在桂林有声有色地领导了一次兵变。这些造反的桂林戍兵，老家远在今天的江苏徐州，从徐州出发时，原来说好戍边三年，如今一呆已经六年，徐州的节度使仍然不肯派人来接替他们。

朝廷之所以从遥远的地方调兵遣将防守广西，是为了对付与吐蕃结成联盟的南诏。

唐朝初年，云南大理的洱海及牢哀山地区有乌蛮和白蛮。乌蛮有六个部落，称为六诏，其中位于五诏之南的部落征服各诏建立政权，后来称之为南诏。玄宗开元年间，南诏首领皮罗阁接受朝廷封号称归义王。唐朝中后期，南诏奴隶主的政权渐渐强大，由于唐朝统治的腐败，南诏王乘机对内地进行骚扰。为了抵挡南诏的进犯，唐朝只好从北方调集兵力戍守广西。

晚唐的朝廷原就十分衰弱，西南战事正好比雪上添霜。戍兵的粮饷都是从江淮转运而来，生活待遇差，又不能按时换防。咸通九年（868）七月，八百名徐州来的戍兵杀了领兵的将领，在庞勋带领下返回家乡。庞勋的队伍一路上没有受到多少阻拦，直到徐州才遭到节度使的镇压。庞勋与官军交战大获全胜，义军乘胜攻取宿州，队伍很快扩大到六七千人。不久义军攻下了徐州，力量发展到了二十万人。江淮地区是唐朝从江南向关内运输财物的交通枢纽，对朝廷意义实在太重要，于是各地军队立刻被调来与义军作战，其中包括不少西北游牧民族的骑兵。庞勋的队伍遭到重重包围，最后在咸通十年（869）九月遭到了失败。

庞勋起义前后也只经历了一年零四个月，但起义失败后仍有一部分力量保存了下来，等到五年后他们再和黄巢的起义军汇合，这时距离唐王朝最后灭亡的日子也就不远了。

只是懿宗皇帝似乎并不这样认为：咸通十四年（873）懿宗皇帝不顾群臣的反对，举行了一次声势浩大的宗教典礼，将佛骨从法门寺迎进长安。元和十四年（819），宪宗皇帝已经举行过一次迎佛骨的活动，那次迎佛骨曾使长安举城若狂，而咸通年的这次迎佛骨比上次规模更大。那年的农历七月，懿宗驾崩，皇位传给了他十二岁的儿子李儇（本名俨），也就是历史上的唐僖宗。

3. 唐末农民大起义

僖宗少年时爱好斗鸡、射箭、骑马、舞剑，特别热衷于马球，这也是晚唐最风行的运动。僖宗的爱好还包括音乐和数学。但等他年长后，就不再贪玩，而把心思用到了朝廷事务方面。史书上往往强调僖宗的嬉戏轻浮，事实上他在位的十五年局势之复杂不论谁来当皇帝，都很难应付。

僖宗朝的实权掌握在宦官首领田令孜手里，皇帝称呼他为"阿父"。田令孜很聪明也很有手腕，他一面竭力增加宫廷内库的财富，一面又尽力抬高宦官们在朝廷的地位。僖宗任命的四个宰相也算是有声望和经验的人，但他们实在很难有所作为。僖宗上台不久，翰林学士卢携就向朝廷报告说，前一年是个饥荒的年头，粮食收成只及常年的一半，本年的秋天许多地方又几乎是颗粒无收，连过冬的蔬菜也没有；从前一个地方闹饥荒，百姓还可分散到邻近的地区就食，现在到处都是饥民，老百姓只好等菜叶树芽长出来才有吃的……。

乾符二年（875）的灾情，以关东地区最为严重，那里许多的人走投无路，纷纷落草为寇。他们组成数十人的团伙，四处打家劫舍，各团伙有时又相互联络攻占城池。落草为寇的人，多数是生活无着落的农民，也有不少原就是乡镇的无业游民。至于团伙的头领身份更加复杂，既有受过教育的乡绅，也有地方上有势力的财主和私盐贩子。然而江湖上的人都有一个共同特点，他们都有一身好武艺，有的还懂军事韬略。罗伯特·萨默斯在《剑桥隋唐史》中称这些人为唐王朝的"敌对精英"，王仙芝和黄巢就是"敌对精英人物"的领袖。前面说过唐朝末年武装贩卖私盐的团伙，在中国东部十分的活跃，王仙芝和黄巢又是这一行中的龙头老大，所以他们很方便就能把众团伙组织起来，发动大规模的农民起义。

僖宗乾符二年（875）正月初三，王仙芝发出吊民伐罪的檄文，指责官吏贪污受贿、征税无度，自称"天补平均大将军"，聚众数千在家乡濮州濮阳县（今河南范县）起事，不久便攻下了曹州和濮州。冤句（今山东曹县）人黄巢第二年也在家乡拉起二千人的队伍，前往曹州与王仙芝会合。等到乾符三年（876）的下半年，起义团伙已经蔓延到了十几个州的广大地区，他们大多数是在王仙芝、黄巢之外独立活动。

面对如火如荼的农民起义，朝廷除了急于建立一个镇压起义的指挥中心，同时还下达命令敦促庄园"置备弓刀鼓板以备群盗"。和过去不许农业人口持有武器的政策截然相反，这是唐朝首次允许地方建立自卫武装。

乾符四年（877），朝廷派宿将宋威对王仙芝发动进攻，宋威在山东沂州与王仙芝交战获胜,立刻宣称王仙芝已经战死。捷报传到京师,满朝文武弹冠相庆,但是只过了三天,王仙芝又在战场上出现。王仙芝、黄巢打的是游击战,他们驰骋在山东、河南及淮南的辽阔战场,行踪倏忽不定。唐末的节度使都是独霸一方的军阀,即使与义军交战,也只是为了将他们驱逐出自己的地盘,很少愿意和义军正面作战。朝廷里有人主张围剿,有人主张招抚,剿抚两方争得不亦乐乎,统治阶级重重矛盾,客观上给义军的壮大提供了条件。

就在宋威称王仙芝已死的两个月之后,王仙芝的军队攻克汝州,将当朝宰相王铎的堂弟、汝州刺史王镣抓获。王铎通过堂弟与王仙芝谈判,答应给王仙芝一个官职,条件是王仙芝必须让队伍缴械。黄巢对王仙芝的背叛大为不满,说"当初大家立下誓言横行天下,如今你独自取了顶乌纱帽,去当皇帝的御林军,叫这五千部属如何安家?"黄巢当场将王仙芝打伤,王仙芝见众人反对,不敢再接受朝廷的官职。

虽然王仙芝的拒降,避免了起义中途夭折,但此后义军的主力还是分裂为两股:王仙芝一股继续活动在长江中游,另一支则随黄巢回山东。但在以后的日子里,他们在和官军作战时仍然有过联合。乾符四年(877)的下半年,朝廷又一次向王仙芝的队伍伸出了橄榄枝,这一次他的手下也被列在招抚的名单中。王仙芝派亲信去长安议和,走到半路上却遭到他们的老对手宋威的伏击。虽然朝廷曾对宋威的做法进行过干预,但在朝廷的人到达宋军前，王仙芝的"和谈代表"已遭杀害。乾符五年（878）正月，王仙芝被迫放弃了攻占不久的江陵，二月在黄梅（今湖北黄梅）被官军围困战败而死。

王仙芝死后，部下投奔黄巢，从此起义军便以黄巢作为最高统帅。黄巢家几代人都以贩卖私盐为生，积聚了不少财富。他乐善好施，也读过不少的书，相传他还应过科举考试而未中，读他"飒飒西风满院栽，蕊寒香冷蝶难来。他年我若为青帝，报与桃花一处开"的诗句，可知他志向的不凡。当然和王仙芝一样，黄巢也想在朝廷得到一官半职，所以在王仙芝死后，他也曾和官府联络，朝廷封他为禁军将领，让他在山东郓州受降。黄巢后来改变了主意，怕是担心宋威袭击降人的戏又会重演。此后黄巢自称"冲天大将军"，建年号为"王霸"，表示他义无反顾地走上了与唐王朝决裂的道路。这时候他的队伍已经扩充到十万之众。

黄巢的队伍开始在今天的河南活动，但到了乾符五年（878），也就是黄巢的王霸元年的春天，他就摆脱了唐朝重兵云集的中原，率领大军南下作战。

黄巢从安徽和县渡过长江到达皖南，然后又进入浙西，在攻占越州（今浙江绍兴）之后，经仙居、丽水、遂昌到达衢州。此后义军开凿一条七百里的山路，一直到达今天福建的建瓯。这条路上以浙江境内的仙霞岭道路最为险要，义军大概是在当地百姓的帮助下，将原有的山径扩大修整，使大队人马得以通过。据说黄巢走过的这条路，此后一直为闽浙间的交通要道。当年底黄巢的队伍到达福州，乾符六年（879）起义军由闽入粤，约在夏季攻克了南方最大的海港——广州。

据阿拉伯商人阿萨德当时的记叙，广州被黄巢攻克时，死亡的人大约为十二万，另外还有许多人逃往福建。在义军方面，由于传染性疾病的爆发，约有十分之三四的人死亡，这种可怕的疾病，历史学家认为就是古人所谓的"瘴疠"，即现代医学所说的疟疾。黄巢无意逗留在炎热潮湿的南方，他们放弃广州开始迁回北上。

在翻越岭南从广西进入湖南的时候，他们在桂阳砍伐竹木编成千百个筏子，然后沿灵渠而入湘江。这条秦朝人为统一华南开凿的人工运河，在大约一千年之后，又一次发挥了它的政治功能。但历史政治学的这一章，与一千年前的那一章截然相反：这一次肩负神圣历史使命的，不是奉皇帝诏书前往讨伐蛮夷的将军，而是被朝廷斥为盗匪头领的黄巢。他们不是从古文明的发祥地中原越过五岭去征服南方，而是从古代的百越之地挥师北上，去攻打已有千余年历史的古都长安。他们不是去开创一个大一统新王朝，而是去结束一段已经连续数百年，一度疆域辽阔、文物辉煌，而今却是千疮百孔的旧王朝。

乾符六年（879）十月，黄巢的队伍攻破潭州，也就是今天的长沙，紧接着江陵（荆州）也落入他的手掌。黄巢先向西进军，因在荆门遇到官军顽强阻挡，起义军调头沿长江顺流而下。

199

正如前面一再提到，长江下游地区对于安史之乱后的朝廷来说，一直是赋税的主要来源，与王朝的存亡性命攸关。黄巢再度进入了广大的江南地区，但广明元年（880）义军又像两年前一样，遭到官军的沉重打击。在江南战场指挥官军的，是很有声望的将军高骈，那一年的四月黄巢的军队几乎完全被他击溃。但就在这千钧一发的时候，战局奇迹般地发生了变化：阴历七月黄巢不仅躲过灭顶之灾，而且转败为胜，他率军从采石渡过长江，从此形势发生了意想不到的重大转折。

突破了长江防线，黄巢再也没有遇到劲敌，但他反而更注重对部下的约束。没有经过激烈战斗黄巢就进了东都洛阳，僖宗在长安只知道哭泣，宰相们提议将可调集的十五万官军，全都用来防守潼关。宦官首领田令孜表面上很是积极，宣称要亲自出征，但暗中却劝皇帝到四川避难。田令孜出师，皇帝亲自到皇城门口为他送行，慰劳出征的御林军，财物极为优厚。然而，御林军都是有钱的贵族子弟，平时骑高马着华装，神气活现，听到真要打仗，吓得躲在家里哭叫，有的人偷偷花钱雇小贩甚至残废的人顶替。看到这些不能持枪的人出征，长安百姓哭笑不得。起义军逼近潼关时放出话来说：“我在淮南打高骈，追得他如鼠走穴，你们若知趣就不要拦阻。”官军全都驻守在潼关城墙上，潼关外还有小路可以入关，黄巢的人正是从小路潜入关来，内外夹攻一举将潼关攻克。消息传到僖宗耳朵时，起义军已经兵临长安城下，僖宗在田令孜的裹挟下仓皇出逃，一路逃到了四川成都,随大驾而行的只有五百将士和数十后宫嫔妃。

唐僖宗广明元年十二月初五日(881年1月8日),黄巢的车驾浩浩荡荡开进长安,唐朝的金吾大将军领着文臣武将到灞上迎接。黄巢乘金色的车子,身边的卫士都穿绣花的绸袍,裹着华美的头巾,其余的首领也都乘着铜色的车辆,随他们进城的约有数十万骑。黄巢登上了太极宫,坐上了大唐皇帝的龙椅,宫内的美人数千,一齐来给新主人磕头,黄巢满脸堆笑说:"天意欤!"黄巢坐上金銮宝殿尚未忘记从前起事时"天补平均"的口号,只住在从前田令孜的房子,看到穷人前来投奔就分给他们衣服金钱。他的副手尚让向长安人宣布说:"我们黄王可不像唐家皇帝那样不爱惜你们,大家安心过日子不要惊恐。"

不久起义军在长安宣布建立政权,国号"大齐",年号"金统",尚让等人当了宰相,从前唐朝四品以下的官员都被留任,诗人皮日休也当了大齐的翰林学士。

皮是湖北襄阳人,年轻时到南方游历,和苏州人陆龟蒙结为好友,受陆的影响,喜欢用吴人的腔调吟诗,人称"吴体"。皮与陆写过许多相互唱和的诗。从前人写唱和诗,一唱一和只是题目相同而已,诗其实还是各做各的,皮日休和陆龟蒙唱和,用的韵也一致,所以叫次韵唱和。自从皮、陆首创次韵唱和,后世就有了一人首唱,众人次韵和作的风气。不过皮、陆相互唱和已经是许多年前的事了,皮日休当"大齐"翰林学士的那年,陆龟蒙仍然在太湖边上编自己的文集《笠泽丛书》。现在丛书满天下，要知道"丛书"二字就是由陆龟蒙而起。

话扯远了，还是回过头来说大齐金统元年（880）的长安。虽然黄巢很想迅速地恢复都城的政治秩序，可并不是所有旧唐官吏都愿意与他配合，被大齐任命为检校左仆射的张直方，就一直不肯上任，许多对黄巢心怀不满的人都到他家去避难。既然不吃敬酒只好请他吃罚酒，黄巢派兵攻打张直方的住宅，当然比攻打长安城容易。黄巢部下或明或暗向长安的居民索取钱财，起义军有个专有名词叫"淘物"，直到现在南方人还在用"淘"来表示到市场上寻觅某物，"淘宝"便是如今著名的电商平台，这种语言习惯大概也透露了当年在长安"淘物"的人来自何方。

衣食足则思淫逸，淘了许多财宝，接下来就要去淘王侯将相家的妇人。无论"淘"宝物还是"淘"女人，对于南征北战的起义军都不费力，难的倒是如何实行当年造反宣言里的那句"天补平均"。且不说长安城里的人与物，是否够那数十万军士"平均"，就算是数量足够有余，可物有好坏，人分俊丑，如何分配才算得上是"天补平均"？农民起义队伍里，免不了就要为实现"平均"，争他个你死我活。

长安城里刀光剑影，权力斗争错综复杂，已经归顺黄巢的旧军阀开始动摇，原来就在观望局势的更与"大齐"保持距离，还有一帮唐朝的忠臣，四处联络摇旗呐喊。大齐的弟兄忙着"淘物"，包围长安的"神圣"同盟逐渐形成。

僖宗中和二年（882），朱温在同州叛变。第二年沙陀贵族李克用带了一支凶悍的骑兵，加入到了围攻长安的战斗。阴历二月，黄巢派出十五万人，与李克用等军阀进行决战，结果大败且伤亡惨重。阴历四月，黄巢率军退出长安，大敌当前生死难卜，久经沙场的造反者又恢复了从前那种铁一般的纪律，大概他们已经明白，"淘"来都是身外之物，所以连旧史书的作者，也不能不赞叹他们离别长安时的从容有序。与之相比向长安进军的官兵，却是毫无纪律可言，他们抢掠烧杀，给数百年积淀的古城带来更大的破坏。

尽管失去长安，屡遭战败，但黄巢的军队仍然还很强大。五月，他的手下收复了蔡州，接着又开始攻打陈州。但起义军还没有在陈州稳住阵脚，就遭到陈州守军的突然袭击，这支起义军几乎全部被歼，领兵的大将也被敌人杀害。黄巢对攻打陈州的失败大为震怒，亲自带兵前去复仇，陈州的守将仍然固守。

黄巢好像一头被激怒的狮子，发誓非把陈州夺下不可。从阴历的六月一直到那年的冬季，围攻一直在继续。为了向围城的军队提供军需，黄巢在陈州附近拼命征集粮草。陈州的守将已经开始绝望，这时却有三支队伍赶到陈州来增援，他们是起义军的叛将朱温带领的人马，还有两支则是乘镇压黄巢拉起来的地主武装。不久，朝廷又派沙陀贵族李克用率五万人的军队前来助战。黄巢与唐朝官军进行了几次交战，直到中和四年

（884）阴历的四月才被迫解除陈州之围。

黄巢的军队在陈州围城，恐怕是他一生中所犯最严重的战略性错误。此后黄巢接连打了几场败仗，最后就连最重要的伙伴尚让也向敌人投降。黄巢只好向家乡山东撤退，李克用仍然紧追不舍。中和四年（884）阴历六月，黄巢在泰山虎狼谷自尽。从乾符二年（875）家乡起兵到这一年牺牲，黄巢战斗了整整十个年头。

黄巢死后，他的部下还在湖南一带坚持斗争，直到十多年后才被消灭。然而，大规模的农民起义，在黄巢死后就已告终。唐末农民大起义没有能够推翻李唐王朝的统治，不过在起义失败之后，唐朝疆域内到处都出现了高度军事化的地方组织，换句话说，二百多年的李唐江山，到此已经是名存实亡。

4. 尾声

僖宗在四川流亡了四年，等黄巢死后回到了长安，隋唐古都已是一片荒芜。皇帝宣布改元，起了一个很好听的年号——光启。从乾符元年（874）到光启元年（885），再到文德元年（888）病死，唐朝的第十八位君主在位十五年，死时二十七岁。无论说僖宗嬉戏轻浮，还是说他曾想有所作为，事实上他从未真正掌握过帝王的权柄。

僖宗的继承人是他的兄弟李晔，庙号昭宗。昭宗登位时二十一岁，他想铲除宦官的势力，得到了反对宦官的朝臣支持。朝臣与宦官争斗，各自到地方去拉藩镇军人为后盾。朝臣请朱温发兵援助，宦官知道后，先把皇帝劫持到凤翔。天复二年（902），朱温将凤翔围困，朱温的人在城下骂宦官是"劫天子贼"，宦官在城上骂朱温是"夺天子贼"，两伙贼对阵倒霉的还是老百姓。天复三年（904），"夺天子贼"朱温把天子夺到手，拆毁了长安宫室及民间房屋，取木材浮江而下，强迫昭宗和士民东迁洛阳，长安自此成为废墟。被迁的百姓号哭满路，月余不绝。昭宗到了洛阳，朱温杀了他左右的击球供奉、内园小儿，最后连昭宗也一起杀了，立昭宗儿子李柷为帝，是为昭宣帝。年仅十三的李柷，是唐朝末代皇帝，年号天祐。

从昭宣帝天祐元年到天祐三年（904—906），朱温都在为篡唐扫除最后的障碍。为了防止临阵脱逃，朱温下令给军士纹面，对手刘仁恭索性将境内能够作战的男子，脸上全都纹上"定霸都"，或者在手臂上刺青"一心事主"。天祐四年（907）三月，朱温废昭宣帝，自己当起了皇帝，他就是历史上的梁太祖。为了和南朝的萧梁相区别，历史上又称为后梁，后梁的建立是五代历史的开始。

从公元618年李渊建立唐朝，到朱温废唐自立，共计二百九十个年头；或从公元581年杨坚以隋代周算起，长达三百余年的历史，究竟发生了多么大的变化，翻翻五代的历史将会更加清楚：在隋唐之初只有士族才可能成为皇帝，而到了大唐灭亡的前夕，士族作为中古社会最有势力的统治阶层，已经遭到了彻底的涤荡，"朱门甲第无一半""天街踏尽公卿骨"，韦庄的诗写的就是这一阶层最后的没落。取唐朝王侯将相而代之的，是没有高贵的血统，甚至也没有多少文化，擅长挥舞长枪大戟的武夫。他们出身或农户、或家奴，或是当过走卒、做过流浪汉。他们所以成就一番事业，打出一片江山，因为背后有庄田主人的支持，这些庄田主人就是在均田制瓦解的过程中发展起来的寒门地主。五代之后的寒门地主不同于魏晋以后的大庄园主，这些人只占有了土地，以收取田租为生，不能像从前士族那样支配农民，让庄户人既种地又为自己打仗。五代时候，拥有土地的地主和拥有军队的军阀结合只能是暂时的，更能适应地主经济发展的中古封建制度，还要等北宋王朝建立才能实现。